2024年国家法律职业资格考试

法考精神体系

带写带练·真题集萃·进阶案例

行政法

沙盘推演

主观题

魏建新 编著 ｜ 厚大出品

中国政法大学出版社

笑看人生峰高处　唯有磨难多正果

厚大在线

硬核干货
八大学科学习方法、新旧大纲对比及增删减总结、考前三页纸等你解锁。

法考管家
法考公告发布、大纲出台、主客观报名时间、准考证打印等,法考大事及时提醒。

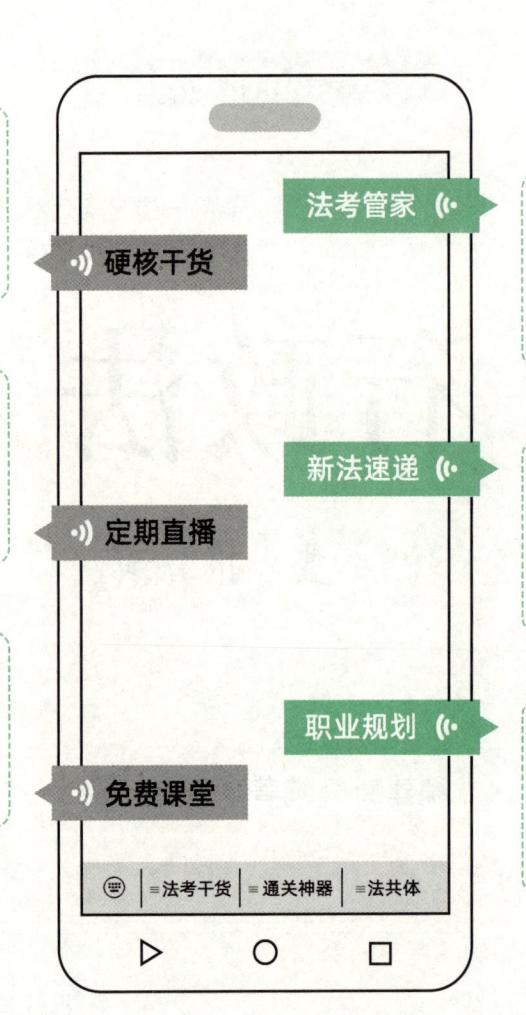

定期直播
备考阶段计划、心理疏导、答疑解惑,专业讲师与你相约"法考星期天"直播间。

新法速递
新修法律法规、司法解释实时推送,最高院指导案例分享;牢牢把握法考命题热点。

免费课堂
图书各阶段配套名师课程的听课方式,课程更新时间获取,法考必备通关神器。

职业规划
了解各地实习律师申请材料、流程,律师执业手册等,分享法律职业规划信息。

≡法考干货　≡通关神器　≡法共体

更多信息
关注厚大在线

HOUDA

代总序
做法治之光
——致亲爱的考生朋友

如果问哪个群体会真正认真地学习法律,我想答案可能是备战法考的考生。

当厚大的老总力邀我们全力投入法考的培训事业,他最打动我们的一句话就是:这是一个远比象牙塔更大的舞台,我们可以向那些真正愿意去学习法律的同学普及法治的观念。

应试化的法律教育当然要帮助同学们以最便捷的方式通过法考,但它同时也可以承载法治信念的传承。

一直以来,人们习惯将应试化教育和大学教育对立开来,认为前者不登大雅之堂,充满填鸭与铜臭。然而,没有应试的导向,很少有人能够真正自律到系统地学习法律。在许多大学校园,田园牧歌式的自由放任也许能够培养出少数的精英,但不少学生却是在游戏、逃课、昏睡中浪费生命。人类所有的成就靠的其实都是艰辛的训练;法治建设所需的人才必须接受应试的锤炼。

应试化教育并不希望培养出类拔萃的精英，我们只希望为法治建设输送合格的人才，提升所有愿意学习法律的同学整体性的法律知识水平，培育真正的法治情怀。

厚大教育在全行业中率先推出了免费视频的教育模式，让优质的教育从此可以遍及每一个有网络的地方，经济问题不会再成为学生享受这些教育资源的壁垒。

最好的东西其实都是免费的，阳光、空气、无私的爱，越是弥足珍贵，越是免费的。我们希望厚大的免费课堂能够提供最优质的法律教育，一如阳光遍洒四方，带给每一位同学以法律的温暖。

没有哪一种职业资格考试像法考一样，科目之多、强度之大令人咋舌，这也是为什么通过法律职业资格考试是每一个法律人的梦想。

法考之路，并不好走。有沮丧、有压力、有疲倦，但愿你能坚持。

坚持就是胜利，法律职业资格考试如此，法治道路更是如此。

当你成为法官、检察官、律师或者其他法律工作者，你一定会面对更多的挑战、更多的压力，但是我们请你持守当初的梦想，永远不要放弃。

人生短暂，不过区区三万多天。我们每天都在走向人生的终点，对于每个人而言，我们最宝贵的财富就是时间。

感谢所有参加法考的朋友，感谢你愿意用你宝贵的时间去助力中国的法治建设。

我们都在借来的时间中生活。无论你是基于何种目的参加法考，你都被一只无形的大手抛进了法治的熔炉，要成为中国法治建设的血液，要让这个国家在法治中走向复兴。

数以万计的法条，盈千累万的试题，反反复复的训练。我们相信，这种貌似枯燥机械的复习正是对你性格的锤炼，让你迎接法治使命中更大的挑战。

亲爱的朋友，愿你在考试的复习中能够加倍地细心。因为将来的法律生涯，需要你心思格外的缜密，你要在纷繁芜杂的证据中不断搜索，发现疑点，去制止冤案。

亲爱的朋友，愿你在考试的复习中懂得放弃。你不可能学会所有的知识，抓住大头即可。将来的法律生涯，同样需要你在坚持原则的前提下有所为、有所不为。

　　亲爱的朋友，愿你在考试的复习中沉着冷静。不要为难题乱了阵脚，实在不会，那就绕道而行。法律生涯，道阻且长，唯有怀抱从容淡定的心才能笑到最后。

法律职业资格考试不仅仅是一次考试，它更是你法律生涯的一次预表。

我们祝你顺利地通过考试。

不仅仅在考试中，也在今后的法治使命中——

不悲伤、不犹豫、不彷徨。

但求理解。

厚大®全体老师　谨识

序 言
PREFACE

　　行政法主观题考试的题型为案例分析题，分值一般是28分，占主观题总分值的1/6左右。

　　行政法主观题涉及多主体（行政主体和行政相对人）、多行为（行政行为）、多救济（行政复议、行政诉讼、行政赔偿），但考查的知识点还是比较单一的，注重考查行政行为的定性，考查的核心在于考生对行政行为规则和行政救济规则的掌握程度。同时，行政法案例分析题的设问多采取说明理由的答题形式，要求考生具备熟练的法条运用能力。通过梳理历年行政法主观题的案情设计、考点汇总可以发现，行政法主观题具有三个规律：

　　1. "官管民"和"民告官"的案情结构。行政法主观题考查的案例分析题是由"官管民"的行政行为和"民告官"的行政救济构成的。无论是司考时代还是法考时代，其都是围绕着行政处罚、行政许可、行政强制、政府信息公开、行政协议等行政行为和行政复议、行政诉讼、国家赔偿等行政救济来命题的。相对于其他部门法，行政法的案例分析题的案情脉络关系比较清晰。

　　2. 行政法的案例分析题的考点突出，体现了"重者恒重"的特点。行政法的分值分布在行政行为法和行政救济法这两个部分，不涉及行政组织法的内容。行政行为法中的分值重点分布在行政处罚和行政协议，其次是行政许可、行政强制、政府信息公开，偶尔也涉及其他具体行政行为；

行政救济法中的分值重点分布在行政诉讼的受案范围、当事人、管辖和行政赔偿中，其次是行政诉讼的程序、证据、判决和刑事赔偿，偶尔也涉及行政复议的审查、决定和国家赔偿方式。总体上看，行政法主观题考查的重点还是非常明显的。因此，在备考过程中，各位考生要把复习的重心放在行政诉讼以及比较典型的行政行为上。

3. 行政法的案例分析题体现了"新法必考"的特点。无论是司考时代还是法考时代，新出台或者修正的"新法"往往都成为当年或者随后几年的命题重点。例如，2010年《国家赔偿法》修正后，2011年就考查了刑事赔偿的3个问题；2011年《行政强制法》出台后，2012年就考查了行政强制执行；2011年《政府信息公开行政案件规定》施行后，2012、2013年连续两年都考查了政府信息公开诉讼；2014年《行政诉讼法》修正后，2015~2018年连续四年都考查了修正的内容（登记立案、规范性文件附带审查、复议维持案件双被告、行政机关负责人出庭应诉等）；2020年《行政协议案件规定》施行后，当年就考查了行政协议诉讼的5个问题，特别是2023年又出现了有关行政协议的案例分析题；2023年列入考试大纲的修改后的《行政赔偿案件规定》，当年就对其进行了考查。因此，多关注"新法"是考生备考行政法主观题的明智选择，今年要重点关注的"新法"是修订后的《行政复议法》。

魏建新
2024年5月

缩略语对照表 ABBREVIATION

政府信息公开行政案件规定	最高人民法院关于审理政府信息公开行政案件若干问题的规定
行政协议案件规定	最高人民法院关于审理行政协议案件若干问题的规定
行政赔偿案件规定	最高人民法院关于审理行政赔偿案件若干问题的规定
行诉解释	最高人民法院关于适用《中华人民共和国行政诉讼法》的解释
行政诉讼撤诉规定	最高人民法院关于行政诉讼撤诉若干问题的规定
行政机关负责人出庭应诉规定	最高人民法院关于行政机关负责人出庭应诉若干问题的规定
行政许可案件规定	最高人民法院关于审理行政许可案件若干问题的规定
国家赔偿法解释（一）	最高人民法院关于适用《中华人民共和国国家赔偿法》若干问题的解释（一）
行诉证据规定	最高人民法院关于行政诉讼证据若干问题的规定
正确确定行诉被告规定	最高人民法院关于正确确定县级以上地方人民政府行政诉讼被告资格若干问题的规定

目录 CONTENTS

第一部分 ▶ 真题集萃 　　001

集萃一　　2023 年法考主观卷回忆题 …………………………………… 001

集萃二　　2022 年法考主观卷回忆题 …………………………………… 011

集萃三　　2021 年法考主观卷回忆题（全国版）………………………… 021

集萃四　　2021 年法考主观卷回忆题（延考版）………………………… 031

集萃五　　2020 年法考主观卷回忆题 …………………………………… 043

集萃六　　2019 年法考主观卷回忆题 …………………………………… 052

集萃七　　2018 年法考主观卷回忆题 …………………………………… 063

集萃八　　2015 年司考卷四第六题 ……………………………………… 072

集萃九　　2012 年司考卷四第六题 ……………………………………… 080

集萃十　　2011 年司考卷四第六题 ……………………………………… 091

集萃十一　2008 年司考卷四第六题 ……………………………………… 103

第二部分 ▶ 大综案例 112

案例一 坚业科技公司申请行政复议案 112

案例二 某盐业公司诉某市盐务管理局、某市政府行政处罚案 120

案例三 孙某诉乙县国土资源局责令停止违法行为案 126

案例四 某国际公司、某高速公司诉江州市政府、湖东省政府
终止（解除）《特许权协议》及行政复议案 132

案例五 王甲诉某区政府废止拆迁补偿安置协议案 140

案例六 聂大山家属申请国家赔偿案 145

… 真 题 集 萃 **第一部分**

集 萃 一

2023 年法考主观卷回忆题

案情：

2022 年 11 月 25 日，县政府作出《关于某小区改造建设项目房屋征收决定》（以下简称《决定》），具体内容如下："因旧城区改建需要，现决定对某小区范围内的房屋实施征收。房屋征收部门为县住房和城乡建设局，房屋征收实施单位为县政府临时组建的该小区改造工程指挥部（以下简称"改造工程指挥部"）。签约期限为 45 日，搬迁期限为 30 日，具体起止日期在房屋征收评估机构选定后，由房屋征收部门另行公告。附件为《征收补偿方案》，主要内容为房屋补偿金额将在选定评估机构后通过评估确定，补偿范围包含建筑物和附属建筑物。"《决定》在当地报纸上公布。

孙某位于该小区的房屋被纳入房屋征收范围，土地性质是国有土地。改造工程指挥部测量孙某的房屋面积为 120 平方米，以此时房屋的市场价格计算，确定补偿 30 万元。经多次协商，孙某未与县住房和城乡建设局达成补偿协议，也未明确同意将房屋腾空并交付拆除。

2022 年 12 月 20 日，改造工程指挥部作出了强制拆除决定书，某建筑公司受改造工程指挥部的委托，对孙某的房屋进行强制拆除。在拆除孙某的房屋时，该建筑公司未对房屋内的物品采取保全措施，也未登记记录，造成屋内物品丢失。

孙某向法院提起行政诉讼，要求确认拆除行为违法，并赔偿被拆除房屋损失50万元、屋内财物损失5万元、房屋被拆除后的租房费用2万元。

材料：

《国有土地上房屋征收与补偿条例》（国务院令第590号发布）

第25条　房屋征收部门与被征收人依照本条例的规定，就补偿方式、补偿金额和支付期限、用于产权调换房屋的地点和面积、搬迁费、临时安置费或者周转用房、停产停业损失、搬迁期限、过渡方式和过渡期限等事项，订立补偿协议。

补偿协议订立后，一方当事人不履行补偿协议约定的义务的，另一方当事人可以依法提起诉讼。

第26条第1款　房屋征收部门与被征收人在征收补偿方案确定的签约期限内达不成补偿协议，或者被征收房屋所有权人不明确的，由房屋征收部门报请作出房屋征收决定的市、县级人民政府依照本条例的规定，按照征收补偿方案作出补偿决定，并在房屋征收范围内予以公告。

第27条　实施房屋征收应当先补偿、后搬迁。

作出房屋征收决定的市、县级人民政府对被征收人给予补偿后，被征收人应当在补偿协议约定或者补偿决定确定的搬迁期限内完成搬迁。

任何单位和个人不得采取暴力、威胁或者违反规定中断供水、供热、供气、供电和道路通行等非法方式迫使被征收人搬迁。禁止建设单位参与搬迁活动。

第28条　被征收人在法定期限内不申请行政复议或者不提起行政诉讼，在补偿决定规定的期限内又不搬迁的，由作出房屋征收决定的市、县级人民政府依法申请人民法院强制执行。

强制执行申请书应当附具补偿金额和专户存储账号、产权调换房屋和周转用房的地点和面积等材料。

问题：

1. 《决定》是否属于具体行政行为？为什么？
2. 本案的被告如何确定？
3. 强制拆除孙某房屋的行为是否合法？为什么？

4. 请分析《国有土地上房屋征收与补偿条例》第 25 条中规定的补偿协议的法律性质。若对补偿协议提起诉讼，请分析诉讼的性质。

5. 本案中，屋内物品损失的举证责任由谁承担？为什么？

6. 孙某的赔偿请求能否得到支持？为什么？

解 答

1.《决定》是否属于具体行政行为？为什么？

考 点 具体行政行为的判断

解题思路 该题目是对具体行政行为概念的考查，需要根据具体行政行为的概念来判断本案中的《决定》是否属于具体行政行为。具体行政行为，是指行政主体依法就特定事项对特定的公民、法人和其他组织权利义务作出的单方行政职权行为。本案中的《决定》是县政府作出的，《决定》中的核心内容是因旧城区改建需要，县政府决定对该小区范围内的房屋实施征收。县政府属于行政主体，因旧城区改建需要实施征收是行使行政职权，对该小区范围内的房屋实施征收是对特定的公民、法人和其他组织权利义务作出的单方处理，符合具体行政行为的特点。

参考答案 《决定》属于具体行政行为。具体行政行为，是指行政主体依法就特定事项对特定的公民、法人和其他组织权利义务作出的单方行政职权行为。本案中，县政府作出的《决定》是县政府行使行政职权对该小区范围内的房屋实施征收、影响该小区居民权益的单方行为，属于具体行政行为。

2. **本案的被告如何确定？**

   考 点 行政诉讼被告

解题思路 确定行政诉讼被告首先需要确定被诉行政行为。本案中，被诉行政行为是强制拆除行为。根据《行政诉讼法》第26条第5款的规定，行政机关委托的组织所作的行政行为，委托的行政机关是被告。本案中，该建筑公司受改造工程指挥部委托对孙某的房屋进行拆除，其法律责任应由委托其拆除的改造工程指挥部承担。但是，改造工程指挥部系由县政府临时组建并赋予房屋征收实施职能，属于不具有独立承担法律责任能力的临时机构。根据《行诉解释》第20条第1款的规定，行政机关组建并赋予行政管理职能但不具有独立承担法律责任能力的机构，以自己的名义作出行政行为，当事人不服提起诉讼的，应当以组建该机构的行政机关为被告。因此，本案的被告是组建改造工程指挥部的县政府。

参考答案 被告为县政府。本案的被诉行政行为是强制拆除行为，虽是改造工程指挥部委托该建筑公司实施的强制拆除行为,但改造工程指挥部属于不具有独立承担法律责任能力的临时机构,根据《行政诉讼法》第 26 条第 5 款和《行诉解释》第 20 条第 1 款的规定,组建改造工程指挥部的县政府为本案的被告。

3. **强制拆除孙某房屋的行为是否合法?为什么?**

   [考　点] 行政行为合法性判断

[解题思路] 行政行为合法的必要条件包括:①行为主体符合法定职权范围;②事实清楚、证据确凿;③适用法律、法规正确;④符合法定程序;⑤行为主体不滥用职权;⑥无明显不当。只要其中的任意一个合法要件不具备,该行政行为即不合法。本题应结合案情,特别是材料中《国有土地上房屋征收与补偿条例》中规定的国有土地上房屋征收的主体要求和程序要求,来分析强制拆除孙某房屋的行为的不合法之处。首先,主体不合法。根据《国有土地上房屋征收与补偿条例》第 26 条第 1 款的规定,房屋征收部门与被征收人在征收补偿方案确定的签约期限内达不成补偿协议,或者被征收房屋所有权人不明确的,由房屋征收部门报请作出房屋征收决定的市、县级人民政府依照本条例的规定,按照征收补偿方案作出补偿决定,并在房屋征收范围内予以公告。根据《国有土地上房屋征收与补偿条例》第 28 条第 1 款的规定,被征收人在法定期限内不申请行政复议或者不提起行政诉讼,在补偿决定规定的期限内又不搬迁的,由作出房屋征收决定的市、县级

人民政府依法申请人民法院强制执行。由此可知，应由县政府作出房屋征收决定，并依法申请法院强制执行。因此，改造工程指挥部无权自行强制执行，其委托该建筑公司强制拆除孙某房屋的行为的主体不合法。其次，根据《国有土地上房屋征收与补偿条例》第27条的规定，实施房屋征收应当先补偿、后搬迁。作出房屋征收决定的市、县级人民政府对被征收人给予补偿后，被征收人应当在补偿协议约定或者补偿决定确定的搬迁期限内完成搬迁。任何单位和个人不得采取暴力、威胁或者违反规定中断供水、供热、供气、供电和道路通行等非法方式迫使被征收人搬迁。禁止建设单位参与搬迁活动。本案中，孙某未与县住房和城乡建设局达成补偿协议，也未明确同意将房屋腾空并交付拆除，改造工程指挥部委托该建筑公司强制拆除孙某的房屋属于程序违法。

参考答案 不合法。首先，根据《国有土地上房屋征收与补偿条例》第26条第1款、第28条第1款的规定，应由县政府作出对孙某房屋的征收决定，并依法申请法院强制执行。因此，本案中，改造工程指挥部无权自行强制执行，其委托该建筑公司强制拆除孙某房屋的行为的主体不合法。其次，根据《国有土地上房屋征收与补偿条例》第27条第1款的规定，实施房屋征收应当先补偿、后搬迁。本案中，孙某未与县住房和城乡建设局达成补偿协议，也未明确同意将房屋腾空并交付拆除，改造工程指挥部就委托该建筑公司强制拆除孙某的房屋属于程序违法。

4. 请分析《国有土地上房屋征收与补偿条例》第25条中规定的补偿协议的法律性质。若对补偿协议提起诉讼，请分析诉讼的性质。

   考　点 行政协议的判断；行政诉讼的受案范围

沙盘推演 ▶ **第一部分　真题集萃**

::: 解题思路
该题目的两个小问之间具有关联性，协议的法律性质是区分行政法上的行政协议和民法上的民事合同的关键，对协议提起的诉讼的性质是区分行政诉讼和民事诉讼的关键。协议的法律性质决定着提起的诉讼的性质。

根据《行政协议案件规定》第1条的规定，行政机关为了实现行政管理或者公共服务目标，与公民、法人或者其他组织协商订立的具有行政法上权利义务内容的协议，属于行政协议。由此可知，行政协议与民事合同的区别在于：行政协议的目的在于实现行政管理或者公共服务目标，内容是行政法上的权利义务。根据《国有土地上房屋征收与补偿条例》第25条第1款的规定，房屋征收部门与被征收人依照本条例的规定，就补偿方式、补偿金额和支付期限、用于产权调换房屋的地点和面积、搬迁费、临时安置费或者周转用房、停产停业损失、搬迁期限、过渡方式和过渡期限等事项，订立补偿协议。订立补偿协议的目的是实现行政管理，案情中县政府作出《决定》是基于旧城区改建需要，补偿协议的内容涉及补偿方式、补偿金额、支付期限等，属于行政法上的权利义务，故补偿协议属于行政协议。

订立行政协议属于行政行为，因履行行政协议产生的争议属于行政争议。根据《行政诉讼法》第12条第1款的规定，人民法院受理公民、法人或者其他组织提起的下列诉讼：……⑪认为行政机关不依法履行、未按照约定履行或者违法变更、解除政府特许经营协议、土地房屋征收补偿协议等协议的；……该条款中规定的协议就是指行政协议，行政协议纠纷纳入行政诉讼受案范围。如前所述，补偿协议属于行政协议，因此，对补偿协议提起的诉讼属于行政诉讼受案范围，即对补偿协议提起的诉讼属于行政诉讼。

::: 参考答案
（1）属于行政协议。《国有土地上房屋征收与补偿条例》第25条第

1款中规定的补偿协议,其目的是实现行政管理,内容涉及补偿方式、补偿金额、支付期限等,属于行政法上的权利义务,根据《行政协议案件规定》第1条的规定,补偿协议属于行政协议。

(2)属于行政诉讼。根据《行政诉讼法》第12条第1款第11项的规定,对行政协议提起的诉讼属于行政诉讼受案范围。由于补偿协议属于行政协议,因此,对补偿协议提起的诉讼是行政诉讼。

5. 本案中,屋内物品损失的举证责任由谁承担?为什么?

考点 行政赔偿的举证责任分配

解题思路 根据《行政诉讼法》第38条第2款的规定,在行政赔偿、补偿的案件中,原告应当对行政行为造成的损害提供证据。因被告的原因导致原告无法举证的,由被告承担举证责任。本案中,孙某本应对强制拆除行为导致屋内物品损失承担举证责任,但是在拆除孙某的房屋时,该建筑公司未对房屋内的物品采取保全措施,也未登记记录,造成屋内物品丢失,这属于因被告的原因导致孙某无法举证的情形,应当由被告承担举证责任。如前所述,本案的被告为县政府,因此,屋内物品损失的举证责任由县政府承担。

参考答案 由县政府承担。根据《行政诉讼法》第38条第2款的规定,孙某本应对强制拆除行为导致屋内物品损失承担举证责任,但在拆除孙某的房屋时，该建筑公司未对房屋内的物品采取保全措施，也未登记记录，造成屋内物品丢失，这属于因被告的原因导致孙某无法举证的情形，应当由被告县政府承担举证责任。

6. 孙某的赔偿请求能否得到支持？为什么？

考　点　行政赔偿方式、标准和费用

解题思路　本案中，孙某提出了三项赔偿请求：①被拆除房屋损失50万元；②屋内财物损失5万元；③房屋被拆除后的租房费用2万元。对于这三项赔偿请求，需要结合法律规定分别进行分析。

关于被拆除房屋损失50万元的赔偿请求不予支持。根据《行政赔偿案件规定》第27条的规定，违法行政行为造成公民、法人或者其他组织财产损害，不能返还财产或者恢复原状的，按照损害发生时该财产的市场价格计算损失。市场价格无法确定，或者该价格不足以弥补公民、法人或者其他组织损失的，可以采用其他合理方式计算。违法征收征用土地、房屋，人民法院判决给予被征收人的行政赔偿，不得少于被征收人依法应当获得的安置补偿权益。本案中，孙某的房屋面积为120平方米，此时房屋的市场价格计算为30万元，这属于按照损害发生时房屋的市场价格计算损失，因此，孙某提出的赔偿房屋损失50万元的请求不能得到支持。

关于屋内财物损失5万元的赔偿请求予以支持。根据《行政赔偿案件规定》第11条第2款的规定，人民法院对于原告主张的生产和生活所必需物品的合理损失，应当予以支持；对于原告提出的超出生产和生活所必需的其他贵重物品、现金损失，可以结合案件相关证据予以认定。本案中，孙某主张的屋内财物损失5万元属于生产和生活所必需物品的合理损失，应当予以支持。

关于房屋被拆除后的租房费用2万元的赔偿请求予以支持。根据《国家赔偿法》第36条的规定，侵犯公民、法人和其他组织的财产权造成损害的，按照下列规定处理：……⑧对财产权造成其他损害的，按照直接损失给予赔偿。根据《行政赔偿案件规定》第29条的规定，下列损失属于《国家赔偿法》第36条第8项规定的"直接损失"：①存款利息、贷款利息、现金利息；②机动车停运期间的营运损失；③通过行政补偿程序依法应当获得的奖励、补贴等；④对财产造成的其他实际损失。本案中，孙某提出的房屋被拆除后的租房费用2万元属于对财产造成的其他实际损失，应当予以支持。

参考答案 对孙某提出的三项赔偿请求，需要分别进行分析：①对被拆除房屋损失50万元的赔偿请求不予支持。本案中，孙某房屋拆除时的市场价格为30万元，根据《行政赔偿案件规定》第27条第1款的规定，这属于按照损害发生时房屋的市场价格计算的损失，因此，孙某提出的赔偿房屋损失50万元的请求不能得到支持。②对屋内财物损失5万元的赔偿请求予以支持。根据《行政赔偿案件规定》第11条第2款的规定，本案中，孙某主张的屋内财物损失5万元属于生产和生活所必需物品的合理损失，应当予以支持。③对房屋被拆除后的租房费用2万元的赔偿请求予以支持。根据《国家赔偿法》第36条第8项和《行政赔偿案件规定》第29条的规定，孙某提出的房屋被拆除后的租房费用2万元属于对财产造成的其他实际损失，应当予以支持。

集萃二
2022年法考主观卷回忆题

案情：

为了实现城市居民天然气供应，2017年7月15日，甲县政府授权县住房和城乡建设局与A公司签署了《甲县天然气综合利用项目合作协议》。协议约定："A公司在甲县从事城市天然气特许经营，特许经营期限30年。若A公司在规定期限内未完成项目建设，则甲县政府有权解除协议，并把特许经营权转给其他公司，由其他公司履行协议内容，由此造成的一切损失由A公司一并承担。"协议签订后，A公司办理了一部分开工手续，并对项目进行了开工建设，但一直未能完工。

2020年6月10日，县住房和城乡建设局发出催告通知，告知A公司在收到通知后的2个月内抓紧办理天然气经营许可手续，否则将收回天然气特许经营权。

2020年6月29日，A公司向甲县政府出具项目建设保证书，承诺在办理完相关手续后3个月内完成项目建设，否则自动退出授权经营区域。

随后甲县政府多次催促A公司完成天然气项目建设，但A公司长期无法完工，致使授权经营区域内的居民供气目的无法实现。

2021年4月6日，甲县政府决定解除《甲县天然气综合利用项目合作协议》，并收回A公司的天然气特许经营权。

A公司不服，向乙市政府申请行政复议。

2021年8月20日，乙市政府作出复议维持决定并送达A公司，但复议决定书未告知起诉期限。

2022年3月5日，A公司提起诉讼。

法院经审理查明，甲县政府已将天然气特许经营权交给了B公司，且B公司已建设部分管道，并完成了相关检测开始运营。

材料：

《市政公用事业特许经营管理办法》（中华人民共和国建设部令第126号，

于2004年2月24日经第29次部常务会议讨论通过,自2004年5月1日起施行,根据中华人民共和国住房和城乡建设部令第24号于2015年5月4日修正)

第25条 主管部门应当建立特许经营项目的临时接管应急预案。

对获得特许经营权的企业取消特许经营权并实施临时接管的,必须按照有关法律、法规的规定进行,并召开听证会。

> 问题:
> 1. 如何确定本案的诉讼参加人?
> 2. 如何确定本案的管辖法院?
> 3. A公司的起诉是否超过起诉期限?为什么?
> 4. 请分析甲县政府收回A公司天然气特许经营权的行为的性质。
> 5. 甲县政府收回A公司天然气特许经营权的行为是否合法?请说明理由。
> 6. 法院如何判决?

解 答

1. 如何确定本案的诉讼参加人?

考点 行政诉讼的原告、被告、第三人

解题思路 确定本案的诉讼参加人就是要分别确定本案的原告、被告和第三人。根据《行政诉讼法》第25条第1款的规定，行政行为的相对人以及其他与行政行为有利害关系的公民、法人或者其他组织，有权提起诉讼。本案中，A公司是行政行为的相对人，由其提起的诉讼，其为原告。

根据《行政诉讼法》第26条第5款的规定，行政机关委托的组织所作的行政行为，委托的行政机关是被告。根据《行政协议案件规定》第4条第2款的规定，因行政机关委托的组织订立的行政协议发生纠纷的，委托的行政机关是被告。本案中，甲县政府授权县住房和城乡建设局与A公司签署的《甲县天然气综合利用项目合作协议》，可视为甲县政府委托县住房和城乡建设局与A公司订立的行政协议。因此，甲县政府是委托的行政机关。因甲县政府决定解除《甲县天然气综合利用项目合作协议》并收回A公司的天然气特许经营权发生纠纷的，委托的行政机关——甲县政府是本案的被告。根据《行政诉讼法》第26条第2款的规定，经复议的案件，复议机关决定维持原行政行为的，作出原行政行为的行政机关和复议机关是共同被告；复议机关改变原行政行为的，复议机关是被告。本案中，A公司不服甲县政府作出的决定，向乙市政府申请行政复议，乙市政府作出复议维持决定，A公司提起了行政诉讼，因此，作出原行政行为的行政机关——甲县政府和复议机关——乙市政府是共同被告。

根据《行政诉讼法》第29条第1款的规定，公民、法人或者其他组织同被诉行政行为有利害关系但没有提起诉讼，或者同案件处理结果有利害关系的，可以作为第三人申请参加诉讼，或者由人民法院通知参加诉讼。本案中，甲县政府在收回A公司的天然气特许经营权后，将天然气特许经营权交给B公司，且B公司已建设部分管道，并完成了相关检测开始运营。B公司同案件处理结果有利害关系，可以作为第三人参加诉讼。

参考答案 本案原告为A公司。根据《行政诉讼法》第25条第1款的规定，行政行为的相对人以及其他与行政行为有利害关系的公民、法人或者其他组织，有权提起诉讼。本案中，A公司是行政行为的相对人，有权提起行政诉讼，故A公司为原告。

本案被告为甲县政府和乙市政府。根据《行政诉讼法》第26条第2、5款的规定，甲县政府授权县住房和城乡建设局与A公司签署行政协议的行为视为委托。甲县政府决定解除行政协议并收回A公司的天然气特许经营权，A公司不服，申请行政复议，乙市政府作出复议维持决定，A公司提起行政诉讼，应当以作出原行政行为的行政机关——甲县政府和复议机关——乙市政府为共同被告。

B公司为本案第三人。根据《行政诉讼法》第29条第1款的规定，县政府收回A公司的天然气特许经营权后，将天然气特许经营权交给B公司，因此，B公司同案件处理结果有利害关系，可以作为第三人参加诉讼。

2. 如何确定本案的管辖法院？

[考　点] 行政诉讼的级别管辖和地域管辖

[解题思路] 本案的管辖法院要从级别管辖和地域管辖两个角度来确定：

（1）确定级别管辖。根据《行诉解释》第134条第3款的规定，复议机关作共同被告的案件，以作出原行政行为的行政机关确定案件的级别管辖。本案中，作出原行政行为的行政机关——甲县政府和复议机关——乙市政府是共同被告，应当以作出原行政行为的行政机关——甲县政府确定案件的级别管辖。根据《行政诉讼法》第15条的规定，中级人民法院管辖下列第一审行政案件：①对国务院部门或者县级以上地方人民政府所作的行政行为提起诉讼的案件；……甲县政府是县级地方政府，因此，本案由中级法院管辖。

（2）确定地域管辖。根据《行政诉讼法》第18条第1款的规定，行政案件由最初作出行政行为的行政机关所在地人民法院管辖。经复议的案件，也可以由复议机关所在地人民法院管辖。本案是经复议的案件，因此，既可以由最初作出行政行为的行政机关——甲县政府所在地法院管辖，也可以由复议机关——乙市政府所在地法院管辖。

综上，本案的管辖法院是甲县政府所在地中级法院或者乙市政府所在地中级法院。

参考答案 根据《行诉解释》第134条第3款的规定，本案是复议机关作为共同被告的案件，应以作出原行政行为的行政机关——甲县政府确定案件的级别管辖。根据《行政诉讼法》第15条第1项的规定，甲县政府是县级地方政府，因此，本案由中级法院管辖。根据《行政诉讼法》第18条第1款的规定，本案是经复议的案件，既可以由最初作出行政行为的行政机关——甲县政府所在地法院管辖，也可以由复议机关——乙市政府所在地法院管辖。综上，本案的管辖法院是甲县政府所在地中级法院或者乙市政府所在地中级法院。

3. A公司的起诉是否超过起诉期限？为什么？

   考　点 行政诉讼的起诉期限

解题思路 本案中，A公司申请行政复议，乙市政府作出复议维持决定的时间是2021年8月20日。根据《行政诉讼法》第45条的规定，公民、法人或者其他组织不服复议决定的，可以在收到复议决定书之日起15日内向人民法院提起诉讼。

复议机关逾期不作决定的，申请人可以在复议期满之日起 15 日内向人民法院提起诉讼。法律另有规定的除外。因此，一般情况下，A 公司提起诉讼的期限是自 2021 年 8 月 20 日起 15 日内，但本案中，复议机关乙市政府作出的复议决定书未告知起诉期限。根据《行诉解释》第 64 条的规定，行政机关作出行政行为时，未告知公民、法人或者其他组织起诉期限的，起诉期限从公民、法人或者其他组织知道或者应当知道起诉期限之日起计算，但从知道或者应当知道行政行为内容之日起最长不得超过 1 年。复议决定未告知公民、法人或者其他组织起诉期限的，适用前款规定。因此，A 公司的起诉期限从 A 公司知道或者应当知道起诉期限之日起计算，但从知道或者应当知道复议决定内容之日起最长不得超过 1 年。A 公司知道乙市政府作出复议决定的时间是 2021 年 8 月 20 日，因此，其起诉期限从知道乙市政府作出复议决定之日起最长不得超过 1 年，即不得超过 2022 年 8 月 19 日。A 公司 2022 年 3 月 5 日提起诉讼，未超过起诉期限。

[参考答案] A 公司的起诉未超过起诉期限。根据《行政诉讼法》第 45 条和《行诉解释》第 64 条的规定，本案是经复议的案件，复议决定的时间是 2021 年 8 月 20 日，但复议决定书未告知起诉期限，因此，起诉期限从 A 公司知道或应当知道复议决定内容之日起最长不得超过 1 年。A 公司 2022 年 3 月 5 日提起诉讼，未超过起诉期限。

4. 请分析甲县政府收回 A 公司天然气特许经营权的行为的性质。

[考　点] 行政许可的撤回

[解题思路] 首先需要分析甲县政府授予A公司天然气特许经营权的行为的性质。依照《甲县天然气综合利用项目合作协议》的规定，A公司在甲县从事城市天然气特许经营，特许经营期限30年。这是甲县政府授予A公司的天然气特许经营权。根据《行政许可法》第2条的规定，本法所称行政许可，是指行政机关根据公民、法人或者其他组织的申请，经依法审查，准予其从事特定活动的行为。由此可知，甲县政府授予A公司天然气特许经营权的行为属于行政许可。

然后再分析甲县政府收回A公司天然气特许经营权的行为的性质。本案中，A公司获得天然气特许经营权后，由于长期无法完工，致使授权经营区域内的居民供气目的无法实现，甲县政府为了公共利益，收回了A公司的天然气特许经营权。根据《行政许可法》第8条第2款的规定，行政许可所依据的法律、法规、规章修改或者废止，或者准予行政许可所依据的客观情况发生重大变化的，为了公共利益的需要，行政机关可以依法变更或者撤回已经生效的行政许可。由此可知，甲县政府收回A公司天然气特许经营权的行为属于行政许可的撤回。

[参考答案] 甲县政府收回A公司天然气特许经营权的行为属于行政许可的撤回。根据《行政许可法》第2条的规定，甲县政府授予A公司天然气特许经营权的行为属于行政许可。根据《行政许可法》第8条第2款的规定，甲县政府为了公共利益的需要，收回A公司天然气特许经营权的行为属于行政许可的撤回。

5. 甲县政府收回A公司天然气特许经营权的行为是否合法？请说明理由。

[考　　点] 具体行政行为的合法

解题思路 甲县政府与A公司订立的行政协议《甲县天然气综合利用项目合作协议》是为了公共利益的需要，为了实现城市居民天然气供应。在该行政协议履行过程中，A公司长期无法完工，致使授权经营区域内的居民供气目的无法实现，损害了社会公共利益，因此，甲县政府有权解除该行政协议并收回A公司的天然气特许经营权。根据《市政公用事业特许经营管理办法》第25条的规定，主管部门应当建立特许经营项目的临时接管应急预案。对获得特许经营权的企业取消特许经营权并实施临时接管的，必须按照有关法律、法规的规定进行，并召开听证会。本案中，甲县政府决定解除《甲县天然气综合利用项目合作协议》并收回A公司的天然气特许经营权，但未依据《市政公用事业特许经营管理办法》第25条第2款的规定召开听证会。因此，甲县政府收回A公司天然气特许经营权的行为违反法定程序。

参考答案 甲县政府收回A公司天然气特许经营权的行为不合法。甲县政府解除《甲县天然气综合利用项目合作协议》并收回A公司的天然气特许经营权，应依据《市政公用事业特许经营管理办法》第25条第2款的规定召开听证会，但甲县政府决定收回A公司的天然气特许经营权时未召开听证会，违反法定程序，不合法。

6. 法院如何判决？

   考　点 行政诉讼的判决

解题思路 根据《行政诉讼法》第 70 条的规定，行政行为有下列情形之一的，人民法院判决撤销或者部分撤销，并可以判决被告重新作出行政行为：……③违反法定程序的；……根据《行政诉讼法》第 74 条第 1 款的规定，行政行为有下列情形之一的，人民法院判决确认违法，但不撤销行政行为：①行政行为依法应当撤销，但撤销会给国家利益、社会公共利益造成重大损害的；……本案中，甲县政府解除《甲县天然气综合利用项目合作协议》并收回 A 公司天然气特许经营权的行为违反法定程序，法院应当判决撤销，但甲县政府已将天然气特许经营权交给 B 公司，且 B 公司已建设部分管道，并完成了相关检测开始运营，一旦撤销甲县政府收回 A 公司天然气特许经营权的行为，将会对公共利益造成损害。因此，法院不撤销该行政行为，而是判决确认收回 A 公司天然气特许经营权的行为违法。

根据《行诉解释》第 136 条第 1 款的规定，人民法院对原行政行为作出判决的同时，应当对复议决定一并作出相应判决。本案中，乙市政府作出复议维持决定，因此，法院应当对原行政行为和复议决定一并作出判决。原行政行为是违法行为，复议维持决定也构成违法，因此，法院应当判决撤销乙市政府作出的复议维持决定。

另外，根据《行政诉讼法》第 76 条的规定，人民法院判决确认违法或者无效的，可以同时判决责令被告采取补救措施；给原告造成损失的，依法判决被告承担赔偿责任。由此可知，法院判决确认收回 A 公司天然气特许经营权的行为违法的，可以同时判决责令甲县政府采取补救措施；给 A 公司造成损失的，依法判决甲县政府承担赔偿责任。

参考答案 甲县政府收回A公司天然气特许经营权的行为违反法定程序，根据《行政诉讼法》第70条第3项的规定，法院应当判决撤销。但撤销甲县政府收回A公司天然气特许经营权的行为将会对公共利益造成损害，根据《行政诉讼法》第74条第1款第1项的规定，法院应判决确认收回A公司天然气特许经营权的行为违法，但不撤销该行政行为。根据《行诉解释》第136条第1款的规定，乙市政府的复议维持决定违法，法院应当判决撤销乙市政府作出的复议维持决定。根据《行政诉讼法》第76条的规定，法院判决确认收回A公司天然气特许经营权的行为违法的，可以同时判决责令甲县政府采取补救措施；给A公司造成损失的，依法判决甲县政府承担赔偿责任。

集萃三
2021年法考主观卷回忆题（全国版）

案情：

甲县政府于2013年10月10日作出《关于同意取缔甲县集中式饮用水源一、二级保护区排污的批复》，文件中明确由甲县环保局负责组织实施对在该水源保护区内的排污口的取缔、关停工作，但没有制定停产补偿的相关文件。甲县环保局关闭了A企业的排污口，A企业于2014年开始正式停产。A企业在其经营场所被划入饮用水水源二级保护区范围之前，已合法取得《营业执照》，并在被关闭前持续正常经营。2018年，A企业向甲县政府投诉，申请对其按照国家政策给予一次性经济补偿或者迁址另建，免除关停未经营期间的税费及土地使用费等。甲县政府于2020年5月15日作出《关于A企业等五家企业投诉问题的结案报告》，结论是"决定用司法途径解决投诉问题"。

A企业于2020年7月20日向甲县政府提出《搬迁补偿申请书》，要求甲县政府履行职责，对A企业以企业征收形式给予货币补偿，但甲县政府未予答复。2020年11月9日，A企业向法院提起诉讼，法院受理案件。甲县政府辩称：①关闭A企业的排污口符合法律规定，且A企业在法定期限内没有提出异议，早已超过起诉期，法院不应受理。②饮用水受益地区为乙县，与甲县没有关系。根据《环境保护法》第31条第3款的规定，如果需要补偿，应当由乙县政府予以补偿，甲县政府没有补偿义务。

材料：

1．《环境保护法》

第31条 国家建立、健全生态保护补偿制度。

国家加大对生态保护地区的财政转移支付力度。有关地方人民政府应当落实生态保护补偿资金，确保其用于生态保护补偿。

国家指导受益地区和生态保护地区人民政府通过协商或者按照市场规则进行生

态保护补偿。

2.《水污染防治法》

第 66 条 禁止在饮用水水源二级保护区内新建、改建、扩建排放污染物的建设项目；已建成的排放污染物的建设项目，由县级以上人民政府责令拆除或者关闭。

在饮用水水源二级保护区内从事网箱养殖、旅游等活动的，应当按照规定采取措施，防止污染饮用水水体。

问题：

1. 如何确定本案的级别管辖？
2. A 企业提起诉讼是否超过起诉期限？为什么？
3. 若 A 企业对关闭企业排污口的行为不服提起诉讼，如何确定被告？
4. 甲县政府以 A 企业不属于饮用水受益地区而拒绝补偿的理由是否成立？为什么？
5. A 企业提出以企业征收形式给予货币补偿的请求能否成立？为什么？
6. 针对 A 企业的货币补偿请求，法院如何判决？

解 答

1. 如何确定本案的级别管辖？

考点 行政诉讼的级别管辖

[解题思路] 要确定行政案件的级别管辖，首先要确定案件的被告。A 企业向甲县政府提出《搬迁补偿申请书》，要求甲县政府履行职责，对其给予货币补偿，但甲县政府未予答复。A 企业向法院提起的诉讼，属于起诉甲县政府不履行职责的行政不作为案件，被告为甲县政府。根据《行政诉讼法》第 15 条的规定，中级人民法院管辖下列第一审行政案件：①对国务院部门或者县级以上地方人民政府所作的行政行为提起诉讼的案件；……因此，对甲县政府的行政行为提起诉讼的案件，由中级人民法院管辖。

[提　示] 县级以上地方政府为被告的第一审行政案件，由中级人民法院管辖。县级以上地方政府包括县政府、区政府、自治旗政府、自治州政府、自治盟政府、地区行政公署、市政府、省政府、自治区政府等。

[参考答案] 由中级人民法院管辖。根据《行政诉讼法》第 15 条第 1 项的规定，中级人民法院管辖对县级以上地方政府所作的行政行为提起诉讼的第一审行政案件。本案中，A 企业要求甲县政府履行职责，甲县政府未予答复，故 A 企业向法院起诉甲县政府行政不作为的案件，由中级人民法院管辖。

2. A 企业提起诉讼是否超过起诉期限？为什么？

[考　点] 行政不作为的起诉期限

解题思路 根据《行政诉讼法》第 47 条第 1 款的规定，公民、法人或者其他组织申请行政机关履行保护其人身权、财产权等合法权益的法定职责，行政机关在接到申请之日起 2 个月内不履行的，公民、法人或者其他组织可以向人民法院提起诉讼。法律、法规对行政机关履行职责的期限另有规定的，从其规定。根据《行诉解释》第 66 条的规定，公民、法人或者其他组织依照《行政诉讼法》第 47 条第 1 款的规定，对行政机关不履行法定职责提起诉讼的，应当在行政机关履行法定职责期限届满之日起 6 个月内提出。由此可知，行政不作为的起诉期限按照如下规则确定：对于法律、法规没有规定行政机关履职期限，行政机关在接到履职申请之日起 2 个月内未履职的，当事人可以在 2 个月履职期限届满后的 6 个月内对行政机关的不作为提起行政诉讼。A 企业于 2020 年 7 月 20 日向甲县政府提出《搬迁补偿申请书》，要求甲县政府履行补偿职责，甲县政府收到后未予答复，属于未履行法定职责的行政不作为。A 企业于 2020 年 11 月 9 日向法院提起诉讼，系在甲县政府收到履职申请 2 个月期限届满之后的 6 个月内提起，并未超过起诉期限。

另外，确定被诉行政行为至关重要。根据《行政许可案件规定》第 14 条的规定，行政机关依据《行政许可法》第 8 条第 2 款规定变更或者撤回已经生效的行政许可，公民、法人或者其他组织仅主张行政补偿的，应当先向行政机关提出申请；行政机关在法定期限或者合理期限内不予答复或者对行政机关作出的补偿决定不服的，可以依法提起行政诉讼。A 企业提起的是行政补偿不作为案件，而不是行政关闭行为案件。若 A 企业对行政关闭行为提起诉讼，显然是超过了行政诉讼起诉期限。

[提示] 确定行政不作为起诉期限的三个时间点：公民、法人或者其他组织向行政机关申请履行职责的时间点→行政机关受理申请后 2 个月履行职责期限届满的时间点→公民、法人或者其他组织提起行政诉讼 6 个月起诉期限届满的时间点。

[参考答案] A 企业提起诉讼未超过起诉期限。根据《行政诉讼法》第 47 条第 1 款和《行诉解释》第 66 条的规定，对行政机关不履行法定职责提起诉讼的，应当在行政机关 2 个月履行法定职责期限届满之日起 6 个月内提出。法律、法规对行政机关履行职责的期限另有规定的，从其规定。A 企业于 2020 年 7 月 20 日要求甲县政府履行补偿职责，甲县政府未予答复。A 企业于 2020 年 11 月 9 日向法院提起诉讼，系在甲县政府收到履职申请 2 个月期限届满之后的 6 个月内提起，未超过行政诉讼起诉期限。

3. 若 A 企业对关闭企业排污口的行为不服提起诉讼，如何确定被告？

[考点] 行政诉讼的被告

[解题思路] 甲县政府作出《关于同意取缔甲县集中式饮用水源一、二级保护区排污的批复》，文件中明确由甲县环保局负责组织实施对在该水源保护区内的排污口的取缔、关停工作。随后，甲县环保局关闭了A企业的排污口。根据《行诉解释》第19条的规定，当事人不服经上级行政机关批准的行政行为，向人民法院提起诉讼的，以在对外发生法律效力的文书上署名的机关为被告。甲县环保局经甲县政府批准实施了关闭A企业排污口的行为，因此，A企业对关闭企业排污口的行为不服提起诉讼的，应当以实施关闭行为的甲县环保局为被告。

[提 示] 下级行政机关经上级行政机关批准作出行政行为的案件：①当事人申请行政复议的，以批准机关为被申请人；②当事人提起行政诉讼的，以在对外发生法律效力的文书上署名的机关为被告。

[参考答案] 甲县环保局为被告。甲县环保局经甲县政府批准实施了关闭A企业排污口的行为，根据《行诉解释》第19条的规定，A企业对关闭企业排污口的行为不服提起诉讼的，应当以实施关闭行为的甲县环保局为被告。

4. 甲县政府以A企业不属于饮用水受益地区而拒绝补偿的理由是否成立？为什么？

[考 点] 行政许可撤回的补偿

[解题思路] 根据《环境保护法》第31条第3款的规定，国家指导受益地区和生态保护地区人民政府通过协商或者按照市场规则进行生态保护补偿。甲县政府是生态保护地区所在地政府，其负有行政补偿职责。同时，根据《行政许可法》第8条第2款的规定，行政许可所依据的法律、法规、规章修改或者废止，或者准予行政许可所依据的客观情况发生重大变化的，为了公共利益的需要，行政机关可以依法变更或者撤回已经生效的行政许可。由此给公民、法人或者其他组织造成财产损失的，行政机关应当依法给予补偿。甲县政府作为县级政府，为了公共利益的需要关闭了A企业的排污口，属于撤回行政许可，甲县政府负有补偿职责。因此，甲县政府以A企业不属于饮用水受益地区而拒绝补偿的理由不能成立。

[提 示] 行政机关依法变更或者撤回已经生效的行政许可，给公民、法人或者其他组织造成财产损失的，作出变更或者撤回行为的行政机关应当给予补偿。

[参考答案] 甲县政府拒绝补偿的理由不能成立。根据《环境保护法》第31条第3款的规定，甲县政府作为生态保护地区所在地政府，负有行政补偿职责。根据《行政许可法》第8条第2款的规定，甲县政府为了公共利益的需要关闭了A企业的排污口，属于撤回行政许可，其负有补偿职责。故其拒绝补偿的理由不能成立。

5. A企业提出以企业征收形式给予货币补偿的请求能否成立？为什么？

[考 点] 行政征收补偿与行政许可撤回补偿的区别

[解题思路] 本案中，为保护水资源地而对A企业的排污口予以关闭，主要是考虑公共利益及环境保护的现实需要。根据《水污染防治法》第66条第1款的规定，禁止在饮用水水源二级保护区内新建、改建、扩建排放污染物的建设项目；已建成的排放污染物的建设项目，由县级以上人民政府责令拆除或者关闭。A企业的生产系经合法审批，对于A企业的排污口的关闭属于撤回行政许可的情形。根据《行政许可法》第8条的规定，公民、法人或者其他组织依法取得的行政许可受法律保护，行政机关不得擅自改变已经生效的行政许可。行政许可所依据的法律、法规、规章修改或者废止，或者准予行政许可所依据的客观情况发生重大变化的，为了公共利益的需要，行政机关可以依法变更或者撤回已经生效的行政许可。由此给公民、法人或者其他组织造成财产损失的，行政机关应当依法给予补偿。A企业的诉讼请求为企业被整体征收情况下的补偿请求，其在甲县政府明确对于A企业整体征收时成立。本案事实上是为保护水源地而进行的企业关停，厂房、土地、设备仍为A企业所有，并没有发生企业征收的法律关系。因此，A企业提出以企业征收形式给予货币补偿的请求不能成立。

[提 示] 依法关停企业属于行政许可撤回，给企业造成财产损失进行的补偿是行政许可撤回补偿；依法征收企业属于行政征收，给企业造成财产损失进行的补偿是行政征收补偿。

[参考答案] A企业的征收补偿请求不能成立。根据《水污染防治法》第66条第1款和《行政许可法》第8条第2款的规定，对于A企业的排污口关闭应视为撤回行政许可，给A企业造成财产损失进行的补偿是行政许可撤回补偿。本案中，厂房、土地、设备仍为A企业所有，并没有发生企业征收的法律关系，因此不能按照企业征收进行补偿。

6. 针对 A 企业的货币补偿请求，法院如何判决？

考　点 行政补偿的判决

解题思路 根据《水污染防治法》第 66 条第 1 款的规定，禁止在饮用水水源二级保护区内新建、改建、扩建排放污染物的建设项目；已建成的排放污染物的建设项目，由县级以上人民政府责令拆除或者关闭。A 企业的生产系经合法审批，对于 A 企业的排污口的关闭属于撤回行政许可的情形。根据《行政许可法》第 8 条第 2 款的规定，行政许可所依据的法律、法规、规章修改或者废止，或者准予行政许可所依据的客观情况发生重大变化的，为了公共利益的需要，行政机关可以依法变更或者撤回已经生效的行政许可。由此给公民、法人或者其他组织造成财产损失的，行政机关应当依法给予补偿。因此，甲县政府应当对 A 企业的损失予以补偿。根据《环境保护法》第 31 条的规定，国家建立、健全生态保护补偿制度。国家加大对生态保护地区的财政转移支付力度。有关地方人民政府应当落实生态保护补偿资金，确保其用于生态保护补偿。国家指导受益地区和生态保护地区人民政府通过协商或者按照市场规则进行生态保护补偿。对被关停企业如何予以补偿、生态保护补偿如何落实及相关标准的制定是甲县政府的职权，但甲县政

府没有制定关于停产补偿的相关文件。对于本案 A 企业的补偿请求，应由甲县政府先行处理，通过更细致和专业的评估，充分考虑各种因素和各方情况，可以补偿金钱，也可以充分利用政府的政策优势，予以其他优惠政策，及时给予对等、适当的补偿。因此，法院应判决甲县政府对 A 企业的财产损失采取补救措施，而不是直接作出货币补偿判决。

提 示 行政补偿的方式和数额依据明确的，法院可以直接作出内容为具体补偿方式和数额的判决；行政补偿的方式和数额依据不明确的，法院应当作出责令行政机关采取补救措施的判决。

参考答案 应判决甲县政府采取补救措施。根据《水污染防治法》第 66 条第 1 款和《行政许可法》第 8 条第 2 款的规定，甲县政府应当对 A 企业的损失予以补偿。另外，根据《环境保护法》第 31 条的规定，甲县政府应当制定对被关停企业的补偿标准而没有制定。因此，对于 A 企业的财产损失，法院不宜直接作出货币补偿判决，而应判决甲县政府采取补救措施。

集萃四
2021年法考主观卷回忆题（延考版）

案情：

2006年4月13日，甲县草原局向刘某颁发临时使用草原许可证，位置及面积为甲县乙乡16 400亩，划定了四至界限范围，使用期限50年。2006年9月，刘某取得了《土地开发许可证》。2006年10月，刘某办理了《国有土地使用权证》，用途为畜牧业，未注明土地面积及土地使用期限。2012年7月16日，甲县招商局与李某签订了以有机、绿色农业产业开发为内容的《投资意向书》，经甲县招商局推荐、撮合，李某与刘某达成联合开发协议，并于同年7月18日签订了《土地转让协议书》。随后，李某按照《投资意向书》《土地转让协议书》的内容，于同年8月27日注册成立了丰胜公司，对土地进行公司化开发经营。

丰胜公司向甲县国土资源局提出变更原《国有土地使用权证》《土地开发许可证》《土地承包合同》使用权人的申请，甲县国土资源局答复：因行政区划调整，乙乡将并入丙市，故变更土地手续冻结，可在行政区划工作完成后，由丙市政府及职能机构办理变更手续。乙乡并入丙市后，丰胜公司向丙市自然资源局申请办理土地使用权变更及土地开发延期使用手续，丙市自然资源局以未见到档案材料为由拒绝办理。2017年12月12日，丙市政府作出《关于同意收回国有土地使用权的批复》。2017年12月13日，丙市自然资源局依照该批复以"超过出让合同约定的动工开发日期满2年未动工开发"为由，向刘某作出并送达《收回国有土地使用权决定书》。

丰胜公司认为，丙市政府、丙市自然资源局违法收回土地，严重损害其合法权益，遂提起行政诉讼，请求法院判决：①撤销《收回国有土地使用权决定书》；②赔偿经济损失1000万元。法院受理案件后，通知甲县招商局作为第三人参加诉讼。法院经现场调查认为，土地现状与作出行政行为时相比已发生显著变化，无法确定丰胜公司的具体损失。

问题：

1. 丰胜公司作为本案原告，主体是否适格？请说明理由。
2. 谁是本案适格被告？请说明理由。
3. 丙市自然资源局作出《收回国有土地使用权决定书》是什么性质的行为？请说明理由。
4. 针对丰胜公司提出赔偿经济损失 1000 万元的请求，法院如何处理举证责任和赔偿数额？
5. 甲县招商局在诉讼中具有什么诉讼权利？若甲县招商局经传唤无正当理由拒不到庭，法院如何处理？
6. 若法院一审判决遗漏了丰胜公司的赔偿请求，二审法院如何处理？

解答

1. 丰胜公司作为本案原告，主体是否适格？请说明理由。

考点：行政诉讼的原告资格

[解题思路] 行政相对人在理论上分为直接相对人和间接相对人，不仅包括行政行为文书中载明的人，还包括行政行为文书中虽未载明，但其合法权益受到行政行为实际影响的人。因此，是否与该行政行为有法律上的利害关系，是判断原告主体资格的实质标准。根据《行政诉讼法》第25条第1款的规定，行政行为的相对人以及其他与行政行为有利害关系的公民、法人或者其他组织，有权提起诉讼。本案中，2006年9月、10月，甲县土地管理局向刘某颁发《土地开发许可证》及《国有土地使用权证》，虽然上述证书中未注明土地面积，但四至清楚。2012年7月18日，刘某与李某签订了《土地转让协议书》，将16 400亩土地的使用权转让给李某，可以证明李某合法获得了土地使用权。同年8月27日，李某成立了丰胜公司，对土地进行公司化经营。丙市自然资源局虽然于2017年12月13日向刘某作出了《收回国有土地使用权决定书》，但收回土地的决定实际上影响到了丰胜公司的利益，丰胜公司作为本案原告，主体适格。

[提示] 行政行为的相对人具有行政诉讼的原告资格，行政行为的利害关系人也具有行政诉讼的原告资格。行政行为的利害关系人的原告资格是考试的重点。

[参考答案] 丰胜公司作为本案原告，主体适格。刘某与李某签订了《土地转让协议书》，后李某成立了丰胜公司，对土地进行公司化经营。丙市自然资源局作出的《收回国有土地使用权决定书》实际上影响到了丰胜公司的利益，丰胜公司与《收回国有土地使用权决定书》有利害关系，根据《行政诉讼法》第25条第1款的规定，丰胜公司有权提起行政诉讼。

2. 谁是本案适格被告？请说明理由。

[考点] 行政诉讼的被告资格

[解题思路] 根据《行诉解释》第19条的规定，当事人不服经上级行政机关批准的行政行为，向人民法院提起诉讼的，以在对外发生法律效力的文书上署名的机关为被告。本案中，虽然丙市政府于2017年12月12日作出了《关于同意收回国有土地使用权的批复》，批准收回涉案土地，但该批复属于内部行为，对外并不发生法律效力，对外发生法律效力的是丙市自然资源局作出的《收回国有土地使用权决定书》。因此，丰胜公司应当以丙市自然资源局为被告提起诉讼，丙市政府并非本案的适格被告。

[提 示] 上级行政机关批准下级行政机关对外作出行政行为：上级行政机关的批准行为是内部行为，不属于行政诉讼受案范围；下级行政机关作出的行政行为是外部行为，属于行政诉讼受案范围。当事人提起行政诉讼的，以下级行政机关为被告。

[参考答案] 丙市自然资源局是本案适格被告。根据《行诉解释》第19条的规定，本案中，丙市自然资源局根据丙市政府于2017年12月12日作出的《关于同意收回国有土地使用权的批复》而作出《收回国有土地使用权决定书》，丰胜公司应当以丙市自然资源局为被告提起诉讼。

3. 丙市自然资源局作出《收回国有土地使用权决定书》是什么性质的行为？请说明理由。

[考 点] 行政处罚的概念

解题思路 收回国有土地使用权是地方人民政府及其土地管理部门管理、保护和开发土地资源的重要行政管理措施，主要是以行政征收决定和行政处罚决定两种方式进行。行政征收决定，是指因社会公共利益、土地管理的需要，地方人民政府根据土地管理法律、法规的规定，适用行政征收、收回土地使用权的法定程序作出收回决定，收回国有土地使用权的行为，不具有惩戒性。行政处罚决定，是指公民、法人或其他组织因怠于履行开发建设职责，导致国有建设用地闲置2年以上，地方人民政府根据行政处罚、土地管理法律、法规的规定，适用行政处罚程序作出处罚决定，无偿收回国有土地使用权的行为，具有惩戒性。根据《行政处罚法》第2条的规定，行政处罚是指行政机关依法对违反行政管理秩序的公民、法人或者其他组织，以减损权益或者增加义务的方式予以惩戒的行为。本案中，丙市自然资源局以"超过出让合同约定的动工开发日期满2年未动工开发"为由作出《收回国有土地使用权决定书》，具有惩戒性，属于行政处罚行为。

提示 因公民、法人或者其他组织怠于履行开发建设职责，导致国有建设用地闲置2年以上而被无偿收回土地使用权的行为，属于行政处罚；因社会公共利益、土地管理的需要，给予补偿收回国有划拨用地的行为，属于行政征收。

[参考答案] 丙市自然资源局作出《收回国有土地使用权决定书》是行政处罚行为。丙市自然资源局以"超过出让合同约定的动工开发日期满2年未动工开发"为由作出《收回国有土地使用权决定书》，是对怠于履行开发建设义务人的惩戒，根据《行政处罚法》第2条的规定，其属于行政处罚行为。

4. 针对丰胜公司提出赔偿经济损失1000万元的请求，法院如何处理举证责任和赔偿数额？

[考 点] 行政赔偿的举证责任；行政赔偿判决

[解题思路] 根据《行政诉讼法》第38条第2款的规定，在行政赔偿、补偿的案件中，原告应当对行政行为造成的损害提供证据。因被告的原因导致原告无法举证的，由被告承担举证责任。《行诉解释》第47条第1款规定，根据《行政诉讼法》第38条第2款的规定，在行政赔偿、补偿案件中，因被告的原因导致原告无法就损害情况举证的，应当由被告就该损害情况承担举证责任。本案中，丰胜公

司应就其受到的损失承担举证责任。但是，由于土地现状与作出行政行为时相比已发生显著变化，无法确定丰胜公司的具体损失，而丰胜公司所受损失又是客观存在的，因此，被告丙市自然资源局应当就不予赔偿或者减少赔偿数额方面承担举证责任。

丰胜公司诉请法院判令赔偿义务机关赔偿其1000万元的损失，可以视为要求赔偿义务机关履行赔偿职责。根据《行政诉讼法》第72条的规定，人民法院经过审理，查明被告不履行法定职责的，判决被告在一定期限内履行。根据《行诉解释》第91条的规定，原告请求被告履行法定职责的理由成立，被告违法拒绝履行或者无正当理由逾期不予答复的，人民法院可以根据《行政诉讼法》第72条的规定，判决被告在一定期限内依法履行原告请求的法定职责；尚需被告调查或者裁量的，应当判决被告针对原告的请求重新作出处理。由此可知，法院经审理认为行政机关应当履行法定职责而未履行的，可以判决行政机关在一定期限内履行法定职责。本案中，丙市自然资源局应就作出《收回国有土地使用权决定书》时土地上的附着物、土地开荒及相关实际投入损失向丰胜公司承担赔偿责任。基于丙市自然资源局在处理赔偿问题时尚有裁量余地的现状，法院不宜对丰胜公司的实体权益作出裁判，而是尊重丙市自然资源局的"首次判断权"，交由丙市自然资源局视本案实际情况作出赔偿决定。因此，法院应判决丙市自然资源局对丰胜公司因其收回土地遭受的损失作出赔偿。

提示 在行政赔偿案件中，原告应当对行政行为造成的损害承担举证责任；因被告的原因导致原告无法就损害情况举证的，应当由被告就该损害情况承担举证责任。

参考答案 根据《行政诉讼法》第38条第2款和《行诉解释》第47条第1款的规定，丰胜公司应就其受到的损失承担举证责任。但是，由于土地现状与作出行政行为时相比已发生显著变化，无法确定丰胜公司的具体损失，而丰胜公司所受损失又是客观存在的，因此，被告丙市自然资源局应当就不予赔偿或者减少赔偿数额方面承担举证责任。

根据《行政诉讼法》第72条和《行诉解释》第91条的规定，基于丙市自然资源局在处理赔偿问题时尚有裁量余地的现状，法院不宜对赔偿数额作出裁判。因此，法院应判决丙市自然资源局对丰胜公司因其收回土地遭受的损失作出赔偿。

5. 甲县招商局在诉讼中具有什么诉讼权利？若甲县招商局经传唤无正当理由拒不到庭，法院如何处理？

考　点　行政诉讼第三人的法律地位

解题思路

（1）甲县招商局被法院通知作为第三人参加诉讼，具有独立的诉讼地位。

❶根据《行政诉讼法》第29条第2款的规定，人民法院判决第三人承担义务或者减损第三人权益的，第三人有权依法提起上诉。根据《行诉解释》第30条第2款的规定，人民法院判决其承担义务或者减损其权益的第三人，有权提出上诉或者申请再审。因此，法院判决甲县招商局承担义务或者减损其权益的，甲县招商局有权提出上诉或者申请再审。

❷根据《行政诉讼法》第31条第1款的规定，当事人、法定代理人，可以委托1~2人作为诉讼代理人。因此，甲县招商局可以委托1~2人作为诉讼代理人。

❸根据《行政诉讼法》第34条的规定，被告对作出的行政行为负有举证责任，应当提供作出该行政行为的证据和所依据的规范性文件。被告不提供或者无

正当理由逾期提供证据，视为没有相应证据。但是，被诉行政行为涉及第三人合法权益，第三人提供证据的除外。因此，被告丙市自然资源局对作出的行政行为不提供或者无正当理由逾期提供证据，而被诉行政行为涉及甲县招商局合法权益的，甲县招商局有权提供证据。

❹根据《行政诉讼法》第41条的规定，与本案有关的下列证据，原告或者第三人不能自行收集的，可以申请人民法院调取：a. 由国家机关保存而须由人民法院调取的证据；b. 涉及国家秘密、商业秘密和个人隐私的证据；c. 确因客观原因不能自行收集的其他证据。因此，甲县招商局可以申请法院调取有关证据。

❺根据《行政诉讼法》第42条的规定，在证据可能灭失或者以后难以取得的情况下，诉讼参加人可以向人民法院申请保全证据，人民法院也可以主动采取保全措施。因此，甲县招商局可以向法院申请保全证据。

❻根据《行政诉讼法》第43条第1款的规定，证据应当在法庭上出示，并由当事人互相质证。对涉及国家秘密、商业秘密和个人隐私的证据，不得在公开开庭时出示。因此，甲县招商局有权质证。

❼根据《行政诉讼法》第95条的规定，公民、法人或者其他组织拒绝履行判决、裁定、调解书的，行政机关或者第三人可以向第一审人民法院申请强制执行，或者由行政机关依法强制执行。因此，甲县招商局可以向法院申请强制执行判决、裁定、调解书。

❽根据《行诉解释》第41条的规定，有下列情形之一，原告或者第三人要求相关行政执法人员出庭说明的，人民法院可以准许：a. 对现场笔录的合法性或者真实性有异议的；b. 对扣押财产的品种或者数量有异议的；c. 对检验的物品取样或者保管有异议的；d. 对行政执法人员身份的合法性有异议的；e. 需要出庭说明的其他情形。因此，甲县招商局可以要求相关行政执法人员出庭说明。

❾根据《行诉解释》第46条的规定，原告或者第三人确有证据证明被告持有的证据对原告或者第三人有利的，可以在开庭审理前书面申请人民法院责令行政机关提交。申请理由成立的，人民法院应当责令行政机关提交，因提交证据所产生的费用，由申请人预付。行政机关无正当理由拒不提交的，人民法院可以推定原告或者第三人基于该证据主张的事实成立。持有证据的当事人以妨碍对方当事人使用为目的，毁灭有关证据或者实施其他致使证据不能使用行为的，人民法院可以推定对方当事人基于该证据主张的事实成立，并可依照《行政诉讼法》第59条规定处理。因此，甲县招商局确有证据证明丙市自然资源局持有的证据对其

有利的，可以在开庭审理前书面申请法院责令丙市自然资源局提交相关证据。

（2）根据《行诉解释》第79条第2款的规定，第三人经传票传唤无正当理由拒不到庭，或者未经法庭许可中途退庭的，不发生阻止案件审理的效果。因此，甲县招商局经传唤无正当理由拒不到庭的，不发生阻止案件审理的效果。

提示 当事人缺席的处理：

（1）原告经传票传唤无正当理由拒不到庭，或者未经法庭许可中途退庭的，法院可以缺席判决；

（2）第三人经传票传唤无正当理由拒不到庭，或者未经法庭许可中途退庭的，不发生阻止案件审理的效果；

（3）被告经传票传唤无正当理由拒不到庭，或者未经法庭许可中途退庭的，法院可以按期开庭或者继续开庭审理，依法缺席判决，可以将被告拒不到庭或者中途退庭的情况予以公告，并可以向监察机关或者被告的上一级行政机关提出依法给予其主要负责人或者直接责任人员处分的司法建议。

参考答案

（1）甲县招商局在诉讼中的诉讼权利有：

❶根据《行政诉讼法》第29条第2款和《行诉解释》第30条第2款的规定，法院判决甲县招商局承担义务或者减损其权益的，甲县招商局有权提出上诉或者申请再审；

❷根据《行政诉讼法》第31条第1款的规定，甲县招商局可以委托1~2人作为诉讼代理人；

❸根据《行政诉讼法》第34条第2款的规定，丙市自然资源局对作出的行政行为不提供或者无正当理由逾期提供证据，而被诉行政行为涉及甲县招商局合法权益的，甲县招商局有权提供证据；

❹根据《行政诉讼法》第41条的规定，甲县招商局可以申请法院调取有关证据；

❺根据《行政诉讼法》第42条的规定，甲县招商局可以向法院申请保全证据；

❻根据《行政诉讼法》第43条第1款的规定，甲县招商局有权质证；

❼根据《行政诉讼法》第95条的规定，甲县招商局可以向法院申请强制执行判决、裁定、调解书；

⑧根据《行诉解释》第41条的规定，甲县招商局可以要求相关行政执法人员出庭说明；

⑨根据《行诉解释》第46条第1款的规定，甲县招商局确有证据证明丙市自然资源局持有的证据对其有利的，可以在开庭审理前书面申请法院责令丙市自然资源局提交相关证据。

（2）根据《行诉解释》第79条第2款的规定，甲县招商局经传唤无正当理由拒不到庭的，不发生阻止案件审理的效果。

6. **若法院一审判决遗漏了丰胜公司的赔偿请求，二审法院如何处理？**

考　点 行政诉讼中的赔偿处理程序

解题思路 根据《行诉解释》第109条第4、5款的规定，原审判决遗漏行政赔偿请求，第二审人民法院经审查认为依法不应当予以赔偿的，应当判决驳回行政赔偿请求。原审判决遗漏行政赔偿请求，第二审人民法院经审理认为依法应当予以赔偿的，在确认被诉行政行为违法的同时，可以就行政赔偿问题进行调解；调解不成的，应当就行政赔偿部分发回重审。因此，法院一审判决遗漏丰胜公司的赔偿请求，二审法院经审理认为不应当予以赔偿的，应当判决驳回丰胜公司的行政赔偿请求。二审法院经审理认为应当予以赔偿的，可以就行政赔偿问题进行调解；调解不成的，应当就行政赔偿部分发回重审。

提　示　原审判决遗漏诉讼请求（非赔偿请求）的二审判决：二审法院应当裁定撤销原审判决，发回重审。

参考答案　根据《行诉解释》第109条第4、5款的规定，法院一审判决遗漏丰胜公司的赔偿请求，二审法院经审理认为不应当予以赔偿的，应当判决驳回丰胜公司的行政赔偿请求。二审法院经审理认为应当予以赔偿的，可以就行政赔偿问题进行调解；调解不成的，应当就行政赔偿部分发回重审。

集萃五
2020年法考主观卷回忆题

案情：

因公共利益的需要，甲市乙区政府发布了01号《国有土地上房屋征收决定公告》，决定对汽车贸易城项目范围内的国有土地上房屋实施征收。黄某开办的塑料厂（个体工商户）处于征收范围内。

汽车贸易城项目范围内的国有土地位于甲市经济技术开发区。甲市经济技术开发区管委会（以下简称"开发区管委会"）对黄某的厂房设备进行登记等工作，并与黄某协商共同选定房屋评估机构。开发区管委会与黄某签订了《资产收购协议书》，约定补偿黄某2 656 212元，双方还约定了如发生纠纷申请仲裁解决的条款。《资产收购协议书》签订后，黄某领取了协议约定的补偿款。后房屋评估机构作出房地产估价报告，黄某的厂房设备及土地市场评估总价为3 099 865元。

黄某以补偿金额过低为由向法院提起诉讼，请求确认《资产收购协议书》无效。诉讼中，黄某向甲市乙区政府申请公开汽车贸易城项目范围内的其他征收补偿款的发放情况，甲市乙区政府以涉及隐私为由拒绝提供。

法院查明：开发区管委会系甲市政府设置的派出机构。甲市乙区政府与开发区管委会签订了《国有土地上房屋征收工作授权书》，将开发区范围内的国有土地上房屋征收工作授权给开发区管委会行使。

问题：

1. 请对《资产收购协议书》的性质进行分析。
2. 如何确定本案的原告？
3. 如何确定本案的被告？

4. 《资产收购协议书》中约定的仲裁条款是否有效？为什么？
5. 黄某向法院提起诉讼的期限如何确定？
6. 甲市乙区政府拒绝提供汽车贸易城项目范围内的其他征收补偿款的发放情况是否合法？为什么？

解 答

1. 请对《资产收购协议书》的性质进行分析。

考 点 行政协议的概念

解题思路 根据《行政协议案件规定》第1条的规定，行政机关为了实现行政管理或者公共服务目标，与公民、法人或者其他组织协商订立的具有行政法上权利义务内容的协议，属于《行政诉讼法》第12条第1款第11项规定的行政协议。根据《行政协议案件规定》第2条的规定，公民、法人或者其他组织就下列行政协议提起行政诉讼的，人民法院应当依法受理：……②土地、房屋等征收征用补偿协议；……本案中，因公共利益的需要，甲市乙区政府决定对汽车贸易城项目范围内的国有土地上房屋实施征收。黄某的塑料厂处于征收范围内,开发区管委会与黄某签订了《资产收购协议书》,约定补偿黄某 2 656 212 元,符合行政协议的特征,属于土地、房屋等征收征用补偿协议。

[提 示] 行政协议作为行政法上的行政行为是比较特殊的。行政协议是以合同的形式实现行政目的,更突出的是行政性而不是民事性。这是行政协议与民事协议最本质的区别。

[参考答案]《资产收购协议书》属于行政协议。根据《行政协议案件规定》第 1 条的规定,行政协议,是指行政机关为了实现行政管理或者公共服务目标,与公民、法人或者其他组织协商订立的具有行政法上权利义务内容的协议。本案中,开发区管委会为了公共利益的需要,与黄某签订的具有行政法上权利义务内容的《资产收购协议书》,属于行政协议。

2. 如何确定本案的原告?

[考 点] 行政诉讼的原告资格

[解题思路] 根据《行政诉讼法》第25条第1款的规定，行政行为的相对人以及其他与行政行为有利害关系的公民、法人或者其他组织，有权提起诉讼。由此可知，行政诉讼的原告需是行政行为的相对人或其他与行政行为有利害关系的公民、法人或者其他组织。根据《行诉解释》第15条第2款的规定，个体工商户向人民法院提起诉讼的，以营业执照上登记的经营者为原告。有字号的，以营业执照上登记的字号为原告，并应当注明该字号经营者的基本信息。本案中，开发区管委会与黄某签订《资产收购协议书》的行为是行政协议行为，黄某是该行政协议行为的相对人。后黄某因为补偿金额过低而请求确认《资产收购协议书》无效，黄某开办的塑料厂作为个体工商户，向法院提起诉讼。案情材料中并没有明确塑料厂有字号，因此应当以其营业执照上登记的经营者为原告。

[提示] 本题不仅考查了行政行为的相对人的行政诉讼原告资格，还进一步考查了个体工商户在行政诉讼中的原告资格确定：①有字号的，以营业执照上登记的字号为原告；②没有字号的，以营业执照上登记的经营者为原告。

[参考答案] 本案的原告应为黄某开办的塑料厂营业执照上登记的经营者。根据《行政诉讼法》第25条第1款和《行诉解释》第15条第2款的规定，黄某是《资产收购协议书》的相对人，黄某开办的塑料厂作为个体工商户向法院提起诉讼，以其营业执照上登记的经营者为原告。

3. 如何确定本案的被告？

[考点] 行政诉讼的被告

[解题思路] 根据《行诉解释》第 20 条第 3 款的规定，没有法律、法规或者规章规定，行政机关授权其内设机构、派出机构或者其他组织行使行政职权的，属于《行政诉讼法》第 26 条规定的委托。当事人不服提起诉讼的，应当以该行政机关为被告。根据《行政诉讼法》第 26 条第 5 款的规定，行政机关委托的组织所作的行政行为，委托的行政机关是被告。由此可知，行政机关在授权其内设机构、派出机构或者其他组织行使行政职权时是否有法律、法规或规章的规定，是判定内设机构、派出机构或者其他组织是被授权组织还是受委托组织的关键。本案中，开发区管委会作为甲市政府的派出机构，与甲市乙区政府签订授权书，甲市乙区政府将开发区范围内的国有土地上房屋征收工作授权给开发区管委会行使。由于甲市乙区政府授权开发区管委会没有相应的法律依据，因此应视为开发区管委会系受甲市乙区政府委托行使相应职权。根据《行政协议案件规定》第 4 条第 2 款的规定，因行政机关委托的组织订立的行政协议发生纠纷的，委托的行政机关是被告。本案中，开发区管委会受甲市乙区政府委托与黄某签订《资产收购协议书》，因此应当由委托的行政机关——甲市乙区政府作为被告。

[提 示] 假授权，真委托：行政机关在没有法律、法规、规章规定的情况下，授权其内设机构、派出机构或其他组织行使行政职权。这里的"授权"就不是真授权，而应当视为"委托"。真正的授权只能由法律、法规、规章授权。

[参考答案] 甲市乙区政府是本案的被告。根据《行政诉讼法》第 26 条第 5 款、《行诉解释》第 20 条第 3 款和《行政协议案件规定》第 4 条第 2 款的规定，本案中，没有法律、法规或者规章规定，甲市乙区政府授权甲市政府的派出机构——开发区管委会与黄某签订《资产收购协议书》，应当视为开发区管委会是受甲市乙区政府委托与黄某签订行政协议，因此，本案的被告应当是甲市乙区政府。

4. 《资产收购协议书》中约定的仲裁条款是否有效？为什么？

考点 行政协议的仲裁

解题思路 根据《行政协议案件规定》第 26 条的规定，行政协议约定仲裁条款的，人民法院应当确认该条款无效，但法律、行政法规或者我国缔结、参加的国际条约另有规定的除外。本案中，黄某与开发区管委会在签订的《资产收购协议书》中约定了如发生纠纷申请仲裁解决的条款，属于在行政协议中约定仲裁条款的情形。本案不存在法律、行政法规或者我国缔结、参加的国际条约有特别规定的情况，因此，《资产收购协议书》中约定的仲裁条款是无效的。

提示 要注意行政协议约定仲裁条款和民事合同约定仲裁条款的效力区别：①行政协议约定仲裁条款的，法院一般应当确认该条款无效，但法律、行政法规或者我国缔结、参加的国际条约另有规定的除外；②民事合同约定仲裁条款的，该仲裁条款有效，当事人一般应当按照约定申请仲裁，而不得向法院提起诉讼。

参考答案 《资产收购协议书》中约定的仲裁条款无效。根据《行政协议案件规定》第26条的规定，在法律、行政法规或者我国缔结、参加的国际条约没有特别规定的情况下，《资产收购协议书》作为行政协议，约定仲裁条款的，法院应当确认该条款无效。

5. 黄某向法院提起诉讼的期限如何确定？

[考 点] 行政协议起诉的期限

解题思路 根据《行政协议案件规定》第25条的规定，公民、法人或者其他组织对行政机关不依法履行、未按照约定履行行政协议提起诉讼的，诉讼时效参照民事法律规范确定；对行政机关变更、解除行政协议等行政行为提起诉讼的，起诉期限依照《行政诉讼法》及其司法解释确定。本案中，黄某与开发区管委会签订了《资产收购协议书》，后黄某以补偿金额过低为由向法院提起诉讼，请求确认《资产收购协议书》无效，诉讼时效应参照民事法律规范确定。根据《民法典》第188条第1款的规定，向人民法院请求保护民事权利的诉讼时效期间为3年。法律另有规定的，依照其规定。因此，黄某向法院提起诉讼适用3年的诉讼时效。

[提示] 由于行政协议既有"行政性",也有"民事性",行政协议案件中起诉的对象既存在行政性行为,即行政机关变更、解除行政协议等行为,也存在民事性行为,即行政机关不依法履行、未按照约定履行行政协议等行为,因此,行政性行为的起诉期限适用《行政诉讼法》及其司法解释的规定,民事性行为的起诉期限适用民事法律规范的规定。

[参考答案] 黄某向法院提起诉讼适用3年的诉讼时效。根据《行政协议案件规定》第25条的规定,黄某向法院提起诉讼,请求确认《资产收购协议书》无效,起诉期限适用民事法律规范的3年诉讼时效。

6. 甲市乙区政府拒绝提供汽车贸易城项目范围内的其他征收补偿款的发放情况是否合法?为什么?

[考点] 政府信息公开的范围;申请公开政府信息的答复

[解题思路] 根据《政府信息公开条例》第15条的规定,涉及商业秘密、个人隐私等公开会对第三方合法权益造成损害的政府信息,行政机关不得公开。但是,第

三方同意公开或者行政机关认为不公开会对公共利益造成重大影响的，予以公开。一般而言，涉及个人隐私的信息不得公开，但基于公共利益的需要或者权利人本人同意的，也可以公开。因此，本案中，甲市乙区政府以涉及隐私为由拒绝提供过于绝对。另外，根据《政府信息公开条例》第37条的规定，申请公开的信息中含有不应当公开或者不属于政府信息的内容，但是能够作区分处理的，行政机关应当向申请人提供可以公开的政府信息内容，并对不予公开的内容说明理由。这实际上拓宽了政府信息公开的范围，即使政府信息中涉及个人隐私，但是能够区分涉及个人隐私的信息和其他信息的，也应当公开不涉及个人隐私的其他信息。本案中，甲市乙区政府对于汽车贸易城项目范围内的其他征收补偿款的发放情况，应当将涉及个人隐私的信息和其他信息进行区分处理，而拒绝提供就构成违法。

[提 示] 依申请公开的政府信息中含有不应当公开的内容的处理：①行政机关向申请人提供可以公开的政府信息内容；②行政机关对不予公开的内容向申请人说明理由。

[参考答案] 甲市乙区政府拒绝公开的行为违法。根据《政府信息公开条例》第15、37条的规定，对于黄某申请公开的汽车贸易城项目范围内的其他征收补偿款的发放情况，甲市乙区政府应当区分处理涉及个人隐私的信息和其他信息，向黄某提供不涉及个人隐私的其他信息，并就不予公开的个人隐私信息向黄某说明理由。

集萃六

2019年法考主观卷回忆题

案情：

　　某建设单位在李某的家门口设置消防栓，李某入室需后退避让，等门扇开启后再前行入室，但门扇开不到60～70度根本无法出入。该建设单位就设置的消防栓向市公安消防支队报送相关资料，市公安消防支队对消防栓抽查后作出《建设工程消防验收备案结果通知》。

　　李某认为，消防栓的设置和建设影响了其生活而市公安消防支队却验收合格，严重侵犯了其合法权益，遂提起行政诉讼，请求法院撤销市公安消防支队批准在其门前设置的消防栓通过验收的决定，判令市公安消防支队责令该建设单位依据国家标准限期整改。法院受理案件。

　　市公安消防支队辩称：《建设工程消防验收备案结果通知》是按照建设工程消防验收评定标准完成的工程检查，是检查记录的体现。如果备案结果合格，则表明建设工程是符合相关消防技术规范的；如果不合格，则公安机关消防机构将依法采取措施，要求建设单位整改有关问题。其性质属于技术性验收，而不是一项独立、完整的具体行政行为，不具有可诉性，不属于法院行政诉讼的受案范围，请求驳回李某的起诉。一审法院裁定驳回李某的起诉。

　　李某提起上诉。二审期间，市公安消防支队撤销《建设工程消防验收备案结果通知》，李某申请撤回上诉。

材料：

　　1.《消防法》（2008年版，2021年已被修改）

　　第4条第1款　……县级以上地方人民政府公安机关对本行政区域内的消防工作实施监督管理，并由本级人民政府公安机关消防机构负责实施。……

　　第13条　按照国家工程建设消防技术标准需要进行消防设计的建设工程竣工，依照下列规定进行消防验收、备案：

　　　　……

(二)其他建设工程,建设单位在验收后应当报公安机关消防机构备案,公安机关消防机构应当进行抽查。

依法应当进行消防验收的建设工程,未经消防验收或者消防验收不合格的,禁止投入使用;其他建设工程经依法抽查不合格的,应当停止使用。

2.《建设工程消防监督管理规定》(现已失效)

第3条第2款 公安机关消防机构依法实施建设工程消防设计审核、消防验收和备案、抽查,对建设工程进行消防监督。

问题:

1. 市公安消防支队作出《建设工程消防验收备案结果通知》的行为是否属于法院的受案范围?为什么?
2. 《建设工程消防验收备案结果通知》属于什么性质?请说明理由。
3. 二审期间,市公安消防支队能否撤销《建设工程消防验收备案结果通知》?为什么?
4. 二审法院是否可以准许李某撤回上诉?若可以,需要具备什么条件?若不可以,二审法院的审理对象是什么?
5. 市公安消防支队撤销了《建设工程消防验收备案结果通知》,该建设单位不服的,如何救济?
6. 若法院支持李某的诉讼请求,应当如何判决?

解 答

1. 市公安消防支队作出《建设工程消防验收备案结果通知》的行为是否属于法院的受案范围?为什么?

考点 行政诉讼的受案范围

解题思路 根据《行政诉讼法》第2条的规定，公民、法人或者其他组织认为行政机关和行政机关工作人员的行政行为侵犯其合法权益，有权依照本法向人民法院提起诉讼。前款所称行政行为，包括法律、法规、规章授权的组织作出的行政行为。根据《行诉解释》第1条第1款的规定，公民、法人或者其他组织对行政机关及其工作人员的行政行为不服，依法提起诉讼的，属于人民法院行政诉讼的受案范围。由此可知，行政诉讼的受案标准是行政行为，市公安消防支队作出《建设工程消防验收备案结果通知》的行为是否属于行政行为就成为判断其是否属于法院受案范围的关键。行政诉讼受案范围中的行政行为可以根据三个要件认定：①主体要件：行为的作出主体是行政机关或者是有行政权的组织；②职权要件：行为背后是运用或行使行政职权；③结果要件：行为是对公民、法人或者其他组织权利义务作出的具体处理、强制处理或者对其产生了实际影响。本案中，市公安消防支队是根据《消防法》第4条第1款、第13条和《建设工程消防监督管理规定》第3条第2款的规定作出的《建设工程消防验收备案结果通知》，从主体要件上看，市公安消防支队是行政机关；从职权要件上看，市公安消防支队作出《建设工程消防验收备案结果通知》是根据《消防法》和《建设工程消防监督管理规定》的规定作出行政职权行为；从结果要件上看，《建设工程消防验收备案结果通知》对李某的权利义务产生了实际影响。因此，市公安消防支队作出《建设工程消防验收备案结果通知》的行为属于法院行政诉讼的受案范围。

[提 示] 行政诉讼的受案范围最难的题目是,案例中出现的行为既不是《行政诉讼法》第12条第1款明确规定的属于行政诉讼受案范围的行为,也不是《行政诉讼法》第13条和《行诉解释》第1条第2款明确规定的不属于行政诉讼受案范围的行为,这就需要根据行政诉讼的受案标准——行政行为来进行判断。

[参考答案] 属于法院的受案范围。市公安消防支队作出《建设工程消防验收备案结果通知》的行为是实际影响李某权利义务的行政行为,根据《行政诉讼法》第2条和《行诉解释》第1条第1款的规定,属于法院行政诉讼的受案范围。

2. 《建设工程消防验收备案结果通知》属于什么性质?请说明理由。

[考 点] 行政确认的概念

[解题思路] 行政确认,是指行政机关对相对人的法律关系、法律事实或者法律地位给予确定、认可、证明的具体行政行为。根据《消防法》第4条第1款、第

13条和《建设工程消防监督管理规定》第3条第2款的规定，消防验收、备案是公安机关消防机构对需要进行消防设计的建设工程进行抽查后认定是否合格的行政行为，一旦消防设施被消防机构评定为合格，就视为消防机构在事实上确认了消防工程质量合格，行政相对人也将受到该行为的拘束。本案中，《建设工程消防验收备案结果通知》是对消防工程竣工验收是否合格的评定，是对行政相对人的法律事实和法律关系的确定，所以应当定性为行政确认。

[提　示]行政许可与行政确认的区别：

（1）对象不同。行政许可一般是使相对人获得实施某种行为的权利或者从事某种活动的资格；而行政确认则仅仅是确认相对人的法律地位、权利义务和法律事实等。

（2）法律效果不同。行政许可是允许被许可人今后可以进行某种行为或活动，其法律效果具有后及性，没有前溯性；而行政确认则是对相对人既有的身份、能力、权利、事实的确定和认可，其法律效果具有前溯性。

[参考答案]属于行政确认。行政确认，是指行政机关对相对人的法律关系、法律事实或者法律地位给予确定、认可、证明的具体行政行为。根据《消防法》第4条第1款、第13条和《建设工程消防监督管理规定》第3条第2款的规定，消防设施被公安机关消防机构评定为合格，就视为公安机关消防机构在事实上确认了消防工程质量合格。本案中，《建设工程消防验收备案结果通知》是对消防工程竣工验收是否合格的评定，具有行政确认的性质。

3. 二审期间，市公安消防支队能否撤销《建设工程消防验收备案结果通知》？为什么？

[考　点]行政诉讼中被告改变被诉行政行为

[解题思路] 根据《行政诉讼法》第62条的规定，人民法院对行政案件宣告判决或者裁定前，原告申请撤诉的，或者被告改变其所作的行政行为，原告同意并申请撤诉的，是否准许，由人民法院裁定。根据《行政诉讼撤诉规定》第3条的规定，有下列情形之一的，属于《行政诉讼法》第51条（现为第62条）规定的"被告改变其所作的具体行政行为"：①改变被诉具体行政行为所认定的主要事实和证据；②改变被诉具体行政行为所适用的规范依据且对定性产生影响；③撤销、部分撤销或者变更被诉具体行政行为处理结果。根据《行政诉讼撤诉规定》第8条第1款的规定，第二审或者再审期间行政机关改变被诉具体行政行为，当事人申请撤回上诉或者再审申请的，参照本规定。由此可知，行政诉讼第一审、第二审或者再审期间，行政机关可以改变其所作的行政行为。行政机关改变行政行为包括行政机关撤销行政行为。本案中，市公安消防支队可以在行政诉讼第二审期间撤销其所作的《建设工程消防验收备案结果通知》。

[提 示] 为妥善化解行政争议，在行政诉讼第一审、第二审或者再审期间，行政机关都可以改变其所作的行政行为。行政机关改变行政行为既包括改变行政行为认定的主要事实，也包括改变行政行为适用的法律依据，还包括改变行政行为的处理结果。

[参考答案] 能撤销。根据《行政诉讼法》第62条和《行政诉讼撤诉规定》第3条、第8条第1款的规定，第二审期间，行政机关可以改变其所作的行政行为。行政机关改变行政行为包括行政机关撤销行政行为。本案中，市公安消防支队撤销《建设工程消防验收备案结果通知》属于改变被诉行政行为。

4. 二审法院是否可以准许李某撤回上诉？若可以，需要具备什么条件？若不可以，二审法院的审理对象是什么？

考点 行政诉讼的撤诉

解题思路 根据《行政诉讼法》第62条的规定，人民法院对行政案件宣告判决或者裁定前，原告申请撤诉的，或者被告改变其所作的行政行为，原告同意并申请撤诉的，是否准许，由人民法院裁定。根据《行政诉讼法》第87条的规定，人民法院审理上诉案件，应当对原审人民法院的判决、裁定和被诉行政行为进行全面审查。根据《行政诉讼撤诉规定》第2条的规定，被告改变被诉具体行政行为，原告申请撤诉，符合下列条件的，人民法院应当裁定准许：①申请撤诉是当事人真实意思表示；②被告改变被诉具体行政行为，不违反法律、法规的禁止性规定，不超越或者放弃职权，不损害公共利益和他人合法权益；③被告已经改变或者决定改变被诉具体行政行为，并书面告知人民法院；④第三人无异议。本案中，由二审法院裁定是否准许李某撤回上诉，这包括两种情况：①若二审法院准许李某撤回上诉，则需要同时具备《行政诉讼撤诉规定》第2条规定的四个条件；②若二审法院不准许李某撤回上诉，则根据《行政诉讼法》第87条的规定，二审法院要进行全面审查，不仅要审查一审法院驳回李某起诉的裁定，而且还要审查被诉行政行为——市公安消防支队作出《建设工程消防验收备案结果通知》的行为。

[提 示] 行政诉讼中,被告改变其所作的行政行为,原告同意并申请撤诉的,法院准许撤诉要满足四点要求:

(1) 申请撤诉是当事人真实意思表示;

(2) 被告改变被诉具体行政行为,不违法、不损害公共利益和他人合法权益;

(3) 被告已经改变或者决定改变被诉具体行政行为,并书面告知法院;

(4) 第三人无异议。

[参考答案] 可以准许李某撤回上诉。

根据《行政诉讼法》第62条和《行政诉讼撤诉规定》第2条的规定,本案中,由二审法院裁定是否准许李某撤回上诉。二审法院准许李某撤回上诉需要具备四个条件:

(1) 申请撤回上诉是李某的真实意思表示;

(2) 市公安消防支队撤销《建设工程消防验收备案结果通知》,不违反法律、法规的禁止性规定,不超越或者放弃职权,不损害公共利益和他人合法权益;

(3) 市公安消防支队已经撤销《建设工程消防验收备案结果通知》,并书面告知法院;

(4) 第三人该建设单位无异议。

根据《行政诉讼法》第87条的规定,若二审法院不准许李某撤回上诉,则其审查对象是一审法院驳回李某起诉的裁定和《建设工程消防验收备案结果通知》。

5. 市公安消防支队撤销了《建设工程消防验收备案结果通知》,该建设单位不服的,如何救济?

[考 点] 行政法的救济途径

[解题思路] 行政法上的救济途径包括行政复议、行政诉讼和国家赔偿。行政复议，是指行政机关根据当事人的申请，按照行政复议程序对具体行政行为进行合法性和适当性审查，解决行政争议的活动。行政复议是为受到行政侵害的公民、法人和其他组织的合法权益提供的行政救济。行政诉讼，是指法院应公民、法人或其他组织的请求，通过审查行政行为合法性的方式，解决特定范围内行政争议的活动。行政诉讼是为受到行政侵害的公民、法人和其他组织的合法权益提供的司法救济。国家赔偿，是指国家机关及其工作人员在行使职权过程中侵犯公民、法人或其他组织的合法权益并造成损害，国家对此承担的赔偿责任。国家赔偿是国家对受害公民、法人和其他组织的损害进行的补救。本案中，市公安消防支队撤销《建设工程消防验收备案结果通知》是一项具体行政行为，实际影响了该建设单位的权利义务。根据《行政复议法》第2条第1款的规定，公民、法人或者其他组织认为行政机关的行政行为侵犯其合法权益，向行政复议机关提出行政复议申请，行政复议机关办理行政复议案件，适用本法。因此，该建设单位可以申请行政复议。根据《行政诉讼法》第2条第1款的规定，公民、法人或者其他组织认为行政机关和行政机关工作人员的行政行为侵犯其合法权益，有权依照本法向人民法院提起诉讼。因此，该建设单位可以提起行政诉讼。根据《国家赔偿法》第2条第1款的规定，国家机关和国家机关工作人员行使职权，有本法规定的侵犯公民、法人和其他组织合法权益的情形，造成损害的，受害人有依照本法取得国家赔偿的权利。因此，如果市公安消防支队撤销《建设工程消防验收备案结果通知》的行为对该建设单位造成损害，该建设单位可以申请国家赔偿。

[提 示] 行政行为损害的法律救济途径包括行政复议、行政诉讼、国家赔

偿。一般情况下，既可以选择行政复议，也可以直接提起行政诉讼，还可以在行政复议之后提起行政诉讼；既可以在行政复议或行政诉讼中一并申请国家赔偿，也可以直接申请国家赔偿。

参考答案 市公安消防支队撤销《建设工程消防验收备案结果通知》的行为是实际影响该建设单位权利义务的具体行政行为，该建设单位可以根据《行政复议法》的规定申请行政复议，或者根据《行政诉讼法》的规定提起行政诉讼。若撤销《建设工程消防验收备案结果通知》的行为给该建设单位造成合法权益损害，该建设单位还可以根据《国家赔偿法》的规定申请国家赔偿。

6. 若法院支持李某的诉讼请求，应当如何判决？

   考　点 行政诉讼的判决

解题思路 根据《行政诉讼法》第70条的规定，行政行为有下列情形之一的，人民法院判决撤销或者部分撤销，并可以判决被告重新作出行政行为：①主要证据不足的；②适用法律、法规错误的；③违反法定程序的；④超越职权的；⑤滥用职权的；⑥明显不当的。根据《行政诉讼法》第72条的规定，人民法院经过审理，查明被告不履行法定职责的，判决被告在一定期限内履行。本案中，李某的诉讼请求是两项：①请求法院撤销市公安消防支队批准在其门前设置的消防栓通过验收的决定；②请求法院判令市公安消防支队责令该建设单位依据国家标准限期整改。若法院支持李某的诉讼请求，针对其第一项诉讼请求，根据《行政诉讼法》第70条的规定，法院应当适用撤销判决，即判决撤销市公安消防支队批准在其门前设置的消防栓通过验收的决定；针对其第二项诉讼请求，根据《行政诉讼法》第72条的规定，法院应当适用履行判决，判令市公安消防支队责令该建设单位依据国家标准限期整改。

提 示 行政诉讼中，被诉行政行为违法的判决是法考主观题的热门考点。被诉行政行为违法分为行政作为违法和行政不作为违法：

（1）对于行政作为违法，法院一般适用撤销判决；不能撤销或者不需要撤销的，法院适用确认违法判决。确认违法判决是对撤销判决的补充。

（2）对于行政不作为违法，法院一般适用履行判决；判决履行没有意义的，法院适用确认违法判决。确认违法判决是对履行判决的补充。

参考答案 针对李某的第一项诉讼请求，根据《行政诉讼法》第70条的规定，法院应当判决撤销市公安消防支队所作的《建设工程消防验收备案结果通知》；针对李某的第二项诉讼请求，根据《行政诉讼法》第72条的规定，法院应当判令市公安消防支队责令该建设单位依据国家标准限期整改。

集萃七
2018年法考主观卷回忆题

案情：

　　某区镇上一村民王某建造房屋，区国土资源局发现王某的建设审批手续不齐全，通知王某停止建设违法建筑并限期整改。王某并未整改。区建设规划局立案调查，确认王某所建房屋属于违法建筑，向王某发出《责令限期拆除违法建筑通知》，告知王某其所建房屋违法，限王某收到通知后1日内拆除。王某未拆除所建房屋。

　　区建设规划局向区城管执法大队发送委托书，委托区城管执法大队拆除王某所建房屋。区城管执法大队以王某未在规定期限内拆除所建房屋为由，第二日即组织人员将王某所建房屋拆除，并邀请镇政府、区管委会到场见证拆除过程。区城管执法大队在拆除王某所建房屋时，用铲车直接推倒房屋，并未制作物品登记清单，也未采取保全措施。

　　王某以区国土资源局、区建设规划局、区管委会、区城管执法大队、镇政府为被告，向法院提起诉讼，请求确认拆除房屋的行为违法并赔偿其损失。法院受理案件并通知行政机关负责人出庭应诉。

问题：

1. 区建设规划局作出《责令限期拆除违法建筑通知》属于什么性质？为什么？
2. 区城管执法大队拆除房屋的行为是否违法？为什么？
3. 王某的起诉期限如何确定？
4. 王某起诉所列被告是否正确？为什么？
5. 若在一审开庭时，行政机关负责人没有出庭应诉，只委托律师出庭，法院是否应予准许？为什么？
6. 王某请求赔偿损失的举证责任如何分配？

解 答

1. 区建设规划局作出《责令限期拆除违法建筑通知》属于什么性质？为什么？

考 点 行政处罚的概念

解题思路 根据《行政处罚法》第2条的规定，行政处罚是指行政机关依法对违反行政管理秩序的公民、法人或者其他组织，以减损权益或者增加义务的方式予以惩戒的行为。行政处罚是一种对违反行政管理秩序行为的行政惩罚。行政处罚以惩戒为目的，这是行政处罚与其他行政行为的本质区别。区建设规划局责令王某限期拆除房屋是针对王某的违法建设行为，对王某的违建房屋作出的拆除处理。这是对王某的财物——其所建房屋实施的惩戒，符合行政处罚的惩戒目的。

提 示 行政处罚的目的是对违反行政管理秩序的行为人的惩戒，其本质是惩罚。其他行政行为都不具有惩戒的目的。

参考答案 区建设规划局作出《责令限期拆除违法建筑通知》属于行政处罚。因为区建设规划局作出《责令限期拆除违法建筑通知》是针对王某的违法建设行为，对王某的违建房屋作出的拆除处理。这是对王某的财物——其所建房屋实施的惩戒，符合行政处罚的惩戒目的。

2. 区城管执法大队拆除房屋的行为是否违法？为什么？

考　点 行政机关强制执行程序

解题思路 区城管执法大队拆除房屋的行为属于行政机关对违法建筑物的强制拆除。这一强制拆除行为在程序上存在诸多违法之处：

（1）根据《行政强制法》第44条的规定，对违法的建筑物、构筑物、设施等需要强制拆除的，应当由行政机关予以公告，限期当事人自行拆除。当事人在法定期限内不申请行政复议或者提起行政诉讼，又不拆除的，行政机关可以依法强制拆除。区城管执法大队的拆除房屋行为没有经过公告程序，存在程序违法。另外，强制拆除应当在王某在法定期限内不申请行政复议或者提起行政诉讼，又不拆除的情况下才能实施，而区城管执法大队是在王某未自行拆除房屋的第二日即实施强制拆除，存在程序违法。

（2）根据《行政强制法》第35条的规定，行政机关作出强制执行决定前，应当事先催告当事人履行义务，催告应当以书面形式作出。根据《行政强制法》第36条的规定，当事人收到催告书后有权进行陈述和申辩。行政机关应当充分听取当事人的意见，对当事人提出的事实、理由和证据，应当进行记录、复核。区城管执法大队拆除王某房屋前并未事先书面催告王某履行拆除房屋义务和听取王某的意见，存在程序违法。

（3）根据《行政强制法》第37条第1、2款的规定，经催告，当事人逾期仍不履行行政决定，且无正当理由的，行政机关可以作出强制执行决定，强制执行决定应当以书面形式作出。根据《行政强制法》第38条的规定，催告书、行政强制执行决定书应当直接送达当事人。区城管执法大队拆除王某房屋前并未作出书面的催告和强制执行决定，也未将催告书、强制执行决定书送达王某，存在程序违法。

[提　示] 违法建筑物强制拆除的基本程序：行政机关公告——当事人不复议、不诉讼、不履行——行政机关书面催告——当事人陈述、申辩——行政机关听取意见——行政机关作出书面的强制执行决定并送达——行政机关强制拆除。

[参考答案] 区城管执法大队拆除房屋的行为违法。根据《行政强制法》第35、36条，第37条第1、2款，第38、44条的规定，区城管执法大队强制拆除房屋的行为存在程序违法，具体有：没有发布强制拆除公告、王某申请行政复议和提起行政诉讼的期限没有届满、没有书面催告王某拆除房屋、没有听取王某的意见、没有制作书面的强制拆除决定并送达等。

3. 王某的起诉期限如何确定？

[考　点] 行政诉讼的起诉期限

[解题思路] 根据《行政诉讼法》第46条第1款的规定,公民、法人或者其他组织直接向人民法院提起诉讼的,应当自知道或者应当知道作出行政行为之日起6个月内提出。法律另有规定的除外。因此,王某直接向法院提起诉讼,请求确认拆除房屋的行为违法的,应当自知道或者应当知道拆除房屋行为之日起6个月内提出。

[提 示] 行政诉讼的起诉期限分为两种情况:

(1) 直接起诉,起诉期限是自知道或者应当知道作出行政行为之日起6个月;

(2) 复议后起诉,起诉期限是自收到复议决定书之日起或者自复议期满之日起15日。

[参考答案] 根据《行政诉讼法》第46条第1款的规定,王某的起诉期限是自其知道或者应当知道拆除房屋行为之日起6个月。

4. 王某起诉所列被告是否正确?为什么?

[考 点] 行政诉讼的被告

解题思路 根据《行政诉讼法》第26条第1款的规定，公民、法人或者其他组织直接向人民法院提起诉讼的，作出行政行为的行政机关是被告。行政诉讼是根据被诉行政行为来确定被告的。本案中，王某的诉讼请求是确认拆除房屋的行为违法。区建设规划局作出《责令限期拆除违法建筑通知》，并委托区城管执法大队拆除，区城管执法大队邀请镇政府、区管委会见证拆除过程。根据《行政诉讼法》第26条第5款的规定，行政机关委托的组织所作的行政行为，委托的行政机关是被告。区城管执法大队受区建设规划局的委托实施拆除行为，故区城管执法大队不能成为本案的被告；镇政府、区管委会仅为见证拆除过程的主体，也不能成为本案的被告；本案应以委托机关——区建设规划局为被告。

提　　示 行政诉讼中采取"谁行为，谁被告"的原则，但在行政委托中，不是以受委托的行政机关或组织为被告，而应当以委托的行政机关为被告。

参考答案 王某起诉所列被告不正确。根据《行政诉讼法》第26条第1款的规定，应以被诉行政行为来确定行政诉讼的被告。区建设规划局作出《责令限期拆除违法建筑通知》，区城管执法大队受区建设规划局的委托实施拆除行为，根据《行政诉讼法》第26条第5款的规定，王某起诉应当以委托的行政机关——区建设规划局为被告。镇政府、区管委会仅为见证拆除过程的主体，也不能成为本案的被告。

5. 若在一审开庭时，行政机关负责人没有出庭应诉，只委托律师出庭，法院是否应予准许？为什么？

考　　点 行政机关负责人出庭应诉

解题思路 根据《行政机关负责人出庭应诉规定》第4条的规定，对于涉及食品药品安全、生态环境和资源保护、公共卫生安全等重大公共利益，社会高度关注或者可能引发群体性事件等的案件，人民法院应当通知行政机关负责人出庭应诉。有下列情形之一，需要行政机关负责人出庭的，人民法院可以通知行政机关负责人出庭应诉：①被诉行政行为涉及公民、法人或者其他组织重大人身、财产权益的；②行政公益诉讼；③被诉行政机关的上级机关规范性文件要求行政机关负责人出庭应诉的；④人民法院认为需要通知行政机关负责人出庭应诉的其他情形。由于本案是法院通知行政机关负责人出庭应诉的案件，因此，行政机关负责人必须出庭。根据《行政机关负责人出庭应诉规定》第8条、第9条第2款的规定，行政机关负责人不能出庭应诉的，应当具有正当理由并经过法院审查。因此，只委派律师出庭的，法院不予准许。

提 示 行政诉讼中，行政机关负责人应当出庭应诉案件中不能出庭应诉的正当事由和法院审查：

（1）不可抗力、意外事件、需要履行他人不能代替的公务、无法出庭的其他正当事由；

(2) 行政机关应当提交相关证明材料，法院应当进行审查。

参考答案 法庭不应准许。根据《行政机关负责人出庭应诉规定》第4、8条，第9条第2款的规定，本案属于法院通知行政机关负责人出庭应诉的案件，行政机关负责人应当出庭应诉。若行政机关负责人没有出庭应诉，只委托律师出庭，法院不应准许。

6. 王某请求赔偿损失的举证责任如何分配？

考 点 行政赔偿的举证责任

解题思路 根据《行政诉讼法》第38条第2款的规定，在行政赔偿、补偿的案件中，原告应当对行政行为造成的损害提供证据。因被告的原因导致原告无法举证的，由被告承担举证责任。《行诉解释》第47条第1款规定，根据《行政诉讼法》第38条第2款的规定，在行政赔偿、补偿案件中，因被告的原因导致原告无法就损害情况举证的，应当由被告就该损害情况承担举证责任。本案属于行政赔偿案件，应当由王某对强制拆除行为造成的损失承担举证责任，但区城管执法大队在拆除房屋的过程中，用铲车直接推倒房屋，并未制作物品登记清单，也未采取保全措施,王某无法就损害情况举证,因此,应当由被告区建设规划局就拆除行为造成的损害情况承担举证责任。

[提　示] 行政赔偿遵循"谁主张,谁举证"的原则,所以应当由原告对行政行为造成的损害进行举证,但因被告原因导致原告无法举证的,由被告对行政行为造成的损害进行举证。

[参考答案] 根据《行政诉讼法》第38条第2款和《行诉解释》第47条第1款的规定,由于区城管执法大队在拆除房屋过程中未制作物品登记清单、未采取保全措施,王某无法就损害情况举证,因此,王某请求损失赔偿的举证责任应当由被告区建设规划局承担。

集萃八

2015年司考卷四第六题

案情： 某公司系转制成立的有限责任公司，股东15人。全体股东通过的公司章程规定，董事长为法定代表人。对董事长产生及变更办法，章程未作规定。股东会议选举甲、乙、丙、丁四人担任公司董事并组成董事会，董事会选举甲为董事长。

后乙、丙、丁三人组织召开临时股东会议，会议通过罢免甲董事长职务并解除其董事，选举乙为董事长的决议。乙向区工商分局递交法定代表人变更登记申请，经多次补正后该局受理其申请。

其后，该局以乙递交的申请，缺少修改后明确董事长变更办法的公司章程和公司法定代表人签署的变更登记申请书等材料，不符合法律、法规规定为由，作出登记驳回通知书。

乙、丙、丁三人向市工商局提出复议申请，市工商局经复议后认定三人提出的变更登记申请不符合受理条件，分局作出的登记驳回通知错误，决定予以撤销。[1]

三人遂向法院起诉，并向法院提交了公司的章程、经过公证的临时股东会决议。

问题：

1. 请分析公司的设立登记和变更登记的法律性质。
2. 如市工商局维持了区工商分局的行政行为，请确定本案中的原告和被告，并说明理由。

---

〔1〕[注意] 根据2023年修订的《行政复议法》第24条第1款的规定，县级以上地方各级人民政府管辖下列行政复议案件：①对本级人民政府工作部门作出的行政行为不服的；……可知，市工商局不再具有复议管辖权，乙、丙、丁三人申请复议，应当向区政府提出。

3. 如何确定本案的审理和裁判对象？如市工商局在行政复议中维持区工商分局的行为，有何不同？
4. 法院接到起诉状决定是否立案时通常面临哪些情况？如何处理？
5. 《行政诉讼法》对一审法院宣判有何要求？

解 答

1. 请分析公司的设立登记和变更登记的法律性质。

考　点 行政许可的概念

解题思路 根据《公司法》第 29 条第 1 款的规定，公司设立登记的法律效力是使公司取得法人资格，进而取得从事经营活动的合法身份。根据《行政许可法》第 2 条和第 12 条第 5 项的规定，公司的设立登记需符合《行政许可法》对行政许可的界定——"行政机关根据公民、法人或者其他组织的申请，经依法审查，准予其从事特定活动"。

公司的变更登记，是指公司就设立登记事项中的某一项或某几项改变，向公司登记机关申请变更的登记。根据《公司法》第36条的规定，公司营业执照记载的事项发生变更的，公司办理变更登记后，由公司登记机关换发营业执照。变更登记可以定性为行政许可，理由是出现变更情形时，公司应当依法办理变更登记，未经核准变更登记，公司不得擅自变更登记事项；公司登记事项发生变更时未依法办理变更登记的，需要承担相应的法律责任。这符合《行政许可法》第2条对行政许可的界定，即"本法所称行政许可，是指行政机关根据公民、法人或者其他组织的申请，经依法审查，准予其从事特定活动的行为"。

[提　示] 题目要求考生在遇到案例时能结合《公司法》和《行政许可法》进行分析。同时，题目不仅要求考生作出判断，更要求考生进行分析论证。

[参考答案] 公司的设立登记为行政许可。根据《行政许可法》第12条第5项的规定，企业或者其他组织的设立等，需要确定主体资格的事项可以设定行政许可。公司的设立登记的法律效力是使公司取得法人资格，进而取得从事经营活动的合法身份，符合《行政许可法》第2条对行政许可的界定，即"行政机关根据公民、法人或者其他组织的申请，经依法审查，准予其从事特定活动"。

公司的变更登记为行政许可。公司的变更登记，是指公司就设立登记事项中的某一项或某几项改变，向公司登记机关申请变更的登记。未经核准变更登记，公司不得擅自变更登记事项；公司登记事项发生变更时未依法办理变更登记的，需要承担相应的法律责任。因此，公司的变更登记符合《行政许可法》第2条对行政许可的界定。

2. 如市工商局维持了区工商分局的行政行为，请确定本案中的原告和被告，并说明理由。

[考　点] 行政诉讼的原告与被告

沙盘推演 ▶ 第一部分　真题集萃

[解题思路] 题目考查的是复议维持案件的原告、被告的确定问题。本案的起因是乙向区工商分局递交法定代表人的变更登记申请，该局以申请不符合法律、法规规定为由，作出登记驳回通知书，乙、丙、丁三人向市工商局提出复议申请，市工商局予以维持。根据《行政诉讼法》第25条第1款的规定，行政行为的相对人以及其他与行政行为有利害关系的公民、法人或者其他组织，有权提起诉讼。因此，乙、丙、丁为原告。根据《行政诉讼法》第26条第2款的规定，经复议的案件，复议机关决定维持原行政行为的，作出原行政行为的行政机关和复议机关是共同被告。故市工商局和区工商分局为共同被告。

[提　　示] 经复议的案件，复议机关决定维持原行政行为的，作出原行政行为的行政机关和复议机关是共同被告；复议机关改变原行政行为的，复议机关是被告。

[参考答案] 乙、丙、丁为原告，市工商局和区工商分局为被告。本案中，针对区工商分局的决定，乙、丙、丁申请复议。根据《行政诉讼法》第25条第1款的规定，行政行为的相对人以及其他与行政行为有利害关系的公民、法人或者其他组织，有权提起诉讼，故乙、丙、丁为原告。如市工商局作出维持决定，根据《行政诉讼法》第26条第2款的规定，经复议的案件，复议机关决定维持原行政行为的，作出原行政行为的行政机关和复议机关是共同被告，故市工商局和区工商分局为共同被告。

3. 如何确定本案的审理和裁判对象？如市工商局在行政复议中维持区工商分局的行为，有何不同？

075

考点 行政诉讼审理和裁判的对象

解题思路 乙向区工商分局递交变更登记申请，该局以缺少相关材料，不符合法律、法规规定为由，作出登记驳回通知书。乙、丙、丁三人向市工商局提出复议申请，市工商局经复议后认定三人提出的变更登记申请不符合受理条件，区工商分局作出的登记驳回通知错误，决定予以撤销。三人遂向法院起诉。因此，此种情形属于复议改变原行为的情形，复议机关市工商局为被告，复议机关的行为，即市工商局撤销区工商分局作出的登记驳回通知的行为为本案的审理和裁判对象。

如果市工商局维持了区工商分局的行为，根据《行政诉讼法》第 26 条第 2 款的规定，市工商局和区工商分局为共同被告。《行政诉讼法》第 79 条规定，复议机关与作出原行政行为的行政机关为共同被告的案件，人民法院应当对复议决定和原行政行为一并作出裁判。故复议决定——维持决定和原行政行为——登记驳回通知书均为案件的审理对象，法院应一并作出裁判。

提示 复议维持还是复议改变直接决定着行政诉讼的审理和裁判对象的不同：

（1）复议维持的，复议维持决定和原行政行为是行政诉讼的审理和裁判对象；

（2）复议改变的，复议改变决定是行政诉讼的审理和裁判对象，原行政行为不是行政诉讼的审理和裁判对象。

[参考答案] 本案的审理和裁判对象是市工商局撤销区工商分局通知的行为。如果市工商局维持了区工商分局的行为，根据《行政诉讼法》第79条的规定，区工商分局的登记驳回通知书和市工商局的维持决定均为案件的审理对象，法院应一并作出裁判。

4. 法院接到起诉状决定是否立案时通常面临哪些情况？如何处理？

[考　　点] 行政诉讼的登记立案

[解题思路] 为解决行政诉讼"立案难"的问题，《行政诉讼法》对法院接到起诉状后的处理作出了明确规定。根据《行政诉讼法》第51条第1~3款的规定，主要有下列情形，处理的方式有所不同：

(1) 对符合《行政诉讼法》规定的起诉条件的，应当登记立案。

(2) 不符合起诉条件的，作出不予立案的裁定。裁定书应当载明不予立案的理由。原告对裁定不服的，可以提起上诉。

(3) 对当场不能判定是否符合《行政诉讼法》规定的起诉条件的，应当接收起诉状，出具注明收到日期的书面凭证，并在7日内决定是否立案。

(4) 起诉状内容欠缺或者有其他错误的，应当给予指导和释明，并一次性告知当事人需要补正的内容。不得未经指导和释明即以起诉不符合条件为由不接收起诉状。

提示 法院接到起诉状后的处理：

(1) 当场能判定的，对符合法定起诉条件的，应当登记立案；对不符合法定起诉条件的，裁定不予立案。

(2) 当场不能判定的，应当接收起诉状，出具注明收到日期的书面凭证，并在7日内决定是否立案。

(3) 起诉状内容欠缺或有其他错误的，应给予指导和释明，并一次性告知当事人需要补正的内容。

参考答案 根据《行政诉讼法》第51条第1~3款的规定，法院在接到起诉状时，对符合法定起诉条件的，应当登记立案。当场不能判定的，应当接收起诉状，出具注明收到日期的书面凭证，并在7日内决定是否立案。不符合起诉条件的，作出不予立案的裁定。起诉状内容欠缺或有其他错误的，应给予指导和释明，并一次性告知当事人需要补正的内容。不得未经指导和释明即以起诉不符合条件为由不接收起诉状。

5. 《行政诉讼法》对一审法院宣判有何要求？

考点 行政诉讼一审的宣判

[解题思路] 根据《行政诉讼法》第 80 条的规定,行政诉讼要求一律公开宣告判决。当庭宣判的,应当在 10 日内发送判决书;定期宣判的,宣判后立即发给判决书。宣告判决时,必须告知当事人上诉权利、上诉期限和上诉的人民法院。

[提 示] 行政诉讼一审宣判有三个要求:

(1) 宣判形式——公开宣判。

(2) 判决书送达——当庭宣判的,判决书应当在 10 日内发送;定期宣判的,判决书在宣判后立即发给。

(3) 权利告知——宣判时告知当事人上诉权利、上诉期限和上诉的法院。

[参考答案] 根据《行政诉讼法》第 80 条的规定,法院一律公开宣告判决。当庭宣判的,应当在 10 日内发送判决书;定期宣判的,宣判后立即发给判决书。宣判时,必须告知当事人上诉权利、上诉期限和上诉的法院。

集萃九

2012年司考卷四第六题

案情：

　　1997年11月，某省政府所在地的市政府决定征收含有某村集体土地在内的地块作为旅游区用地，并划定征用土地的四至界线范围。2007年，市国土局将其中一地块与甲公司签订《国有土地使用权出让合同》。2008年12月16日，甲公司获得市政府发放的第1号《国有土地使用权证》。2009年3月28日，甲公司将此地块转让给乙公司，市政府向乙公司发放第2号《国有土地使用权证》。后，乙公司申请在此地块上动工建设。2010年9月15日，市政府张贴公告，要求在该土地范围内使用土地的单位和个人，限期自行清理农作物和附着物设施，否则强制清理。2010年11月，该村得知市政府给乙公司颁发第2号《国有土地使用权证》后，认为此证涉及的部分土地仍属该村集体所有，向省政府申请复议要求撤销该土地使用权证。省政府维持后，该村向法院起诉。法院通知甲公司与乙公司作为第三人参加诉讼。

　　在诉讼过程中，市政府组织有关部门强制拆除了征地范围内的附着物设施。该村为收集证据材料，向市国土局申请公开1997年征收时划定的四至界线范围等相关资料，市国土局以涉及商业秘密为由拒绝提供。

问题：

1. 市政府共实施了多少个具体行政行为？哪些属于行政诉讼受案范围？
2. 如何确定本案的被告、级别管辖、起诉期限？请分别说明理由。
3. 甲公司能否提出诉讼主张？如乙公司经合法传唤无正当理由不到庭，法院如何处理？

4. 如法院经审理发现市政府发放第1号《国有土地使用权证》的行为明显缺乏事实根据，应如何处理？

5. 市政府强制拆除征地范围内的附着物设施应当遵循的主要法定程序和执行原则是什么？

6. 如该村对市国土局拒绝公开相关资料的决定不服，向法院起诉，法院应采用何种方式审理？如法院经审理认为市国土局应当公开相关资料，应如何判决？

解答

1. 市政府共实施了多少个具体行政行为？哪些属于行政诉讼受案范围？

考点 具体行政行为的概念；行政诉讼的受案范围

解题思路 具体行政行为，是指行政主体依法就特定事项对特定的公民、法人和其他组织权利义务作出的单方行政职权行为。具体行政行为的四个特征：处分性、特定性、单方性和外部性。

本案中，行政机关共实施了五个行为，即：

（1）市政府决定征收含有该村集体土地在内的地块作为旅游区用地；

（2）市国土局就其中一地块与甲公司签订《国有土地使用权出让合同》；

（3）市政府向甲公司发放第1号《国有土地使用权证》；

（4）市政府向乙公司发放第2号《国有土地使用权证》；

（5）市政府张贴公告，要求在该土地范围内使用土地的单位和个人，限期自行清理农作物和附着物设施。

上述五个行为均对当事人的权利义务进行了处分，具备处分性；都是对特定对象的处理，具备特定性；都是对行政系统以外作为管理对象的当事人权利义务的处分，具备外部性。但是，其中第2个行为是与甲公司签订合同的行为，是双方意思表示一致方形成权利义务安排的，不具备具体行政行为单方性的特征，属于应定性为"行政协议"的双方行为，因此只有其他四个行为是具体行政行为。

根据《行政诉讼法》第2条第1款的规定，公民、法人或者其他组织认为行政机关和行政机关工作人员的行政行为侵犯其合法权益，有权依照本法向人民法院提起诉讼。具体行政行为作为行政行为的一种，属于人民法院的受案范围。因此，以上四个行为均属于人民法院行政诉讼受案范围。值得一提的是，第二个应定性为"行政协议"的双方行为虽然不属于具体行政行为，但属于人民法院行政诉讼的受案范围。

【提 示】具体行政行为与行政协议行为的区别在于：具体行政行为是单方性的行为，行政机关无须对方同意，就可以单方意志决定具体行政行为，且决定后即发生法律效力。虽然行政机关在作出行政处罚、行政许可、行政强制等具体行政行为过程中要听取公民、法人或者其他组织的意见，但行为结果最终仍然是行政机关的单方意志的体现。

【参考答案】四个。具体为：市政府征收含有该村集体土地在内的地块的行为；市政府向甲公司发放第1号《国有土地使用权证》的行为；市政府向乙公司发放第2号《国有土地使用权证》的行为；市政府发布公告要求使用土地的单位和个人自行清理农作物和附着物设施的行为。上述行为均属于行政诉讼受案范围。

2. 如何确定本案的被告、级别管辖、起诉期限？请分别说明理由。

| 考　点 | 行政诉讼的被告、管辖、起诉期限 |

解题思路 题目中，该村得知市政府给乙公司颁发第 2 号《国有土地使用权证》后，认为此证涉及的部分土地仍属该村集体所有，向省政府申请复议，省政府维持了市政府的决定。根据《行政诉讼法》第 26 条第 2 款的规定，经复议的案件，复议机关决定维持原行政行为的，作出原行政行为的行政机关和复议机关是共同被告。故市政府和省政府为共同被告。

根据《行诉解释》第 134 条第 3 款的规定，复议机关作共同被告的案件，以作出原行政行为的行政机关确定案件的级别管辖。根据《行政诉讼法》第 15 条的规定，中级人民法院管辖下列第一审行政案件：①对国务院部门或者县级以上地方人民政府所作的行政行为提起诉讼的案件；……本案作出原行政行为的行政机关是市政府，属于县级以上政府，因此应由中级法院管辖。

根据《行政诉讼法》第 45 条的规定，公民、法人或者其他组织不服复议决定的，可以在收到复议决定书之日起 15 日内向人民法院提起诉讼。……法律另有规定的除外。同时，《土地管理法》等法律未对此种情形下的起诉期限作出规定。本案是经过复议的案件，应适用复议后的起诉期限，该村应当在收到省政府复议决定书之日起的 15 日内向法院起诉。

[提　示] 经复议的案件，复议机关决定维持原行政行为的，作出原行政行为的行政机关和复议机关是共同被告；复议机关改变原行政行为的，复议机关是被告。

复议维持案件中的级别管辖——按照原行为机关确定管辖级别；复议维持案件中的地域管辖——原行为机关所在地法院和复议机关所在地法院。

行政诉讼起诉期限分为直接向法院提起行政诉讼的期限与经过复议后向法院提起行政诉讼的期限两种情形：

(1) 直接起诉期限是自知道或者应当知道作出行政行为之日起 6 个月；

(2) 经复议后的起诉期限是收到复议决定书或者复议期满之日起 15 日。

[参考答案]

(1) 本案的被告为市政府和省政府。根据《行政诉讼法》第 26 条第 2 款的规定，经复议的案件，复议机关决定维持原行政行为的，作出原行政行为的行政机关和复议机关是共同被告。故本案市政府和省政府为共同被告。

(2) 本案由中级人民法院管辖。本案市政府和省政府为共同被告，根据《行诉解释》第 134 条第 3 款的规定，复议机关作为共同被告的案件，管辖法院的级别以作出原行政行为的行政机关确定。本案作出原行政行为的行政机关是市政府。另外，根据《行政诉讼法》第 15 条第 1 项的规定，被告是县级以上地方人民政府的，应由中级人民法院管辖。

(3) 本案中该村应当自收到省政府复议决定书之日起 15 日内向法院起诉。因为本案是经过复议的案件，根据《行政诉讼法》第 45 条的规定，除法律另有规定外，应适用收到复议决定书之日起 15 日的起诉期限。

3. 甲公司能否提出诉讼主张？如乙公司经合法传唤无正当理由不到庭，法院如何处理？

[考　点] 行政诉讼的第三人

解题思路 行政诉讼的第三人，是指因与被提起行政诉讼的行政行为有利害关系但未起诉，通过申请或法院通知的形式，参加到诉讼中的当事人。根据《行政诉讼法》第29条的规定，公民、法人或者其他组织同被诉行政行为有利害关系但没有提起诉讼，或者同案件处理结果有利害关系的，可以作为第三人申请参加诉讼，或者由人民法院通知参加诉讼。人民法院判决第三人承担义务或者减损第三人权益的，第三人有权依法提起上诉。根据《行诉解释》第30条第1、2款的规定，行政机关的同一行政行为涉及2个以上利害关系人，其中一部分利害关系人对行政行为不服提起诉讼，人民法院应当通知没有起诉的其他利害关系人作为第三人参加诉讼。与行政案件处理结果有利害关系的第三人，可以申请参加诉讼，或者由人民法院通知其参加诉讼。人民法院判决其承担义务或者减损其权益的第三人，有权提出上诉或者申请再审。根据《行诉解释》第28条的规定，人民法院追加共同诉讼的当事人时，应当通知其他当事人。应当追加的原告，已明确表示放弃实体权利的，可不予追加；既不愿意参加诉讼，又不放弃实体权利的，应追加为第三人，其不参加诉讼，不能阻碍人民法院对案件的审理和裁判。由此可知，行政诉讼的第三人有独立的诉讼地位，可以放弃自己的诉讼权利。故本案中，作为诉讼第三人的甲公司和乙公司有权提出与本案有关的诉讼主张，其经合法传唤无正当理由不到庭的，不影响法院对案件的审理，法院会继续审理案件。

提　示 行政诉讼的第三人的特点：

（1）第三人与行政诉讼有利害关系，既包括与被诉行政行为有利害关系，也包括与诉讼结果有利害关系；

（2）第三人不是通过起诉参加到行政诉讼中，而是在他人开始诉讼之后申请参加诉讼或者被法院通知参加诉讼，法院应当（而不是可以）通知参加诉讼而不通知的，构成诉讼主体的遗漏；

（3）第三人有独立的诉讼地位，既不依附原告也不依附被告，可以提出自己的请求，法院判决第三人承担义务或者减损第三人权益的，第三人有权依法提起上诉或者申请再审；

（4）第三人经传票传唤无正当理由拒不到庭，或者未经法庭许可中途退庭的，不发生阻止案件审理的效果。

参考答案 根据《行政诉讼法》第29条及《行诉解释》第28条和第30条第1、2款的规定，甲公司作为第三人，有权提出与本案有关的诉讼主张；乙公司作为第三人，经合法传唤无正当理由不到庭，不影响法院对案件的审理。

4. 如法院经审理发现市政府发放第1号《国有土地使用权证》的行为明显缺乏事实根据，应如何处理？

考　点 行政诉讼审理和裁判的对象

[解题思路] 根据《行政诉讼法》第6条的规定，人民法院审理行政案件，对行政行为是否合法进行审查。《行政诉讼法》第79条规定，复议机关与作出原行政行为的行政机关为共同被告的案件，人民法院应当对复议决定和原行政行为一并作出裁判。因此，行政诉讼的审理对象是被诉行政行为。复议维持案件，复议维持决定和原行政行为是行政诉讼的审查和裁判对象。该村得知市政府给乙公司颁发第2号《国有土地使用权证》后，认为此证涉及的部分土地仍属该村集体所有，向省政府申请复议要求撤销该土地使用权证。省政府作出维持决定后，该村向法院起诉。市政府给乙公司颁发第2号《国有土地使用权证》的原行政行为以及省政府作出的复议决定是法院审理和裁判的对象，但先是甲公司取得第1号《国有土地使用权证》，然后将土地转让给乙公司，才有市政府给乙公司颁发第2号《国有土地使用权证》。因此，可以说市政府发放第1号《国有土地使用权证》的行为是构成本案被诉行政行为的基础性、关联性行政行为。根据《行政许可案件规定》第7条的规定，作为被诉行政许可行为基础的其他行政决定或者文书存在以下情形之一的，人民法院不予认可：①明显缺乏事实根据；②明显缺乏法律依据；③超越职权；④其他重大明显违法情形。因此，如法院经审理发现市政府发放第1号《国有土地使用权证》的行为明显缺乏事实根据，对此行为不予认可。

[提　示] 行政诉讼的审理对象是被诉行政行为。行政复议机关作出决定的案件中，复议维持还是复议改变直接决定着行政诉讼的审理和裁判对象：

（1）复议维持的，复议维持决定和原行政行为是行政诉讼的审理和裁判对象；

（2）复议改变的，复议改变决定是行政诉讼的审理和裁判对象，原行政行为不是行政诉讼的审理和裁判对象。

[参考答案] 法院不予认可。根据《行政诉讼法》第6、79条的规定，市政府发放第1号《国有土地使用权证》的行为虽然不属于本案的审理和裁判对象，但其构成本案被诉行政行为的基础性、关联性行政行为。如法院经审理发现市政府发放第1号《国有土地使用权证》的行为明显缺乏事实根据，根据《行政许可案件规定》第7条第1项的规定，对此行为不予认可。

5. 市政府强制拆除征地范围内的附着物设施应当遵循的主要法定程序和执行原则是什么？

考　点 行政强制执行程序

解题思路 根据《行政强制法》第35、36条，第37条第1、2款，第38、43条的规定，《行政强制法》关于行政机关强制执行的程序主要包括：

（1）催告。行政机关作出强制执行决定之前，应当事先书面催告当事人履行义务。催告应载明履行义务的期限、方式，以及当事人的陈述、申辩权利等。

（2）听取意见。当事人收到催告书后可进行陈述和申辩。行政机关应当充分听取当事人的意见，对当事人提出的事实、理由和证据，应当进行记录、复核。当事人提出的事实、理由或者证据成立的，行政机关应当采纳。

（3）强制执行决定。经催告，当事人逾期仍不履行行政决定，且无正当理由的，行政机关可以作出强制执行决定。强制执行决定应以书面形式作出，并载明当事人的姓名（名称）、地址，强制执行的理由和依据、方式和时间，复议、诉讼的途径和期限，行政机关的名称、印章和日期。催告书和强制执行决定书均应直接送达当事人，当事人拒绝接收或无法直接送达的，按照《民事诉讼法》的有关规定送达。

（4）执行中还应当注意，除紧急情况外，不得在夜间或法定节假日实施强制执行；不得对居民生活采取停水、停电、停热、停气等方式迫使当事人履行行政决定。

[提　示]《行政强制法》第四章规定的是行政机关依法具有强制执行权的执行程序，若行政机关不具有强制执行权，应当适用《行政强制法》第五章规定的执行程序。

[参考答案] 根据《行政强制法》第四章第一节的规定，市政府采取强制执行措施应当遵循：事先催告当事人履行义务；当事人有权陈述和申辩；充分听取当事人的意见；书面决定强制执行并送达当事人；与当事人达成执行协议；除紧急情况外，不得在夜间或法定节假日实施强制执行；不得对居民生活采取停水、停电、停热、停气等方式迫使当事人履行义务。

6. 如该村对市国土局拒绝公开相关资料的决定不服，向法院起诉，法院应采用何种方式审理？如法院经审理认为市国土局应当公开相关资料，应如何判决？

[考　点] 政府信息公开案件的审理和裁判

[解题思路] 根据《政府信息公开行政案件规定》第 6 条的规定，人民法院审理政府信息公开行政案件，应当视情采取适当的审理方式，以避免泄露涉及国家秘密、商业秘密、个人隐私或者法律规定的其他应当保密的政府信息。根据《政府信息公开行政案件规定》第 9 条第 1 款的规定，被告对依法应当公开的政府信息拒绝或者部分拒绝公开的，人民法院应当撤销或者部分撤销被诉不予公开决定，并判决被告在一定期限内公开。尚需被告调查、裁量的，判决其在一定期限内重新答复。因此，法院应当视情况采取适当的审理方式，以避免泄露涉及商业秘密的政府信息。如法院经审理认为市国土局应当公开相关资料，则应当判决撤销不予公开决定，并判决市国土局在一定期限内公开。尚需市国土局调查、裁量的，判决其在一定期限内重新答复。

[提 示] 题目考查的是对政府信息公开行政案件的审理和裁判，应当适用《政府信息公开行政案件规定》关于政府信息公开行政案件的特别规定。

[参考答案] 根据《政府信息公开行政案件规定》第 6 条的规定，法院应当视情况采取适当的审理方式，以避免泄露涉及商业秘密的政府信息。根据《政府信息公开行政案件规定》第 9 条第 1 款的规定，如法院经审理认为市国土局应当公开相关资料，则应当撤销不予公开决定，并判决市国土局在一定期限内公开。尚需市国土局调查、裁量的，判决其在一定期限内重新答复。

集萃十

2011 年司考卷四第六题

案情：

经工商局核准，甲公司取得企业法人营业执照，经营范围为木材切片加工。甲公司与乙公司签订合同，由乙公司供应加工木材1万吨。不久，省林业局致函甲公司，告知按照本省地方性法规的规定，新建木材加工企业必须经省林业局办理木材加工许可证后，方能向工商行政管理部门申请企业登记，违者将受到处罚。1个月后，省林业局以甲公司无证加工木材为由没收其加工的全部木片，并处以30万元罚款。期间，省林业公安局曾传唤甲公司人员李某到公安局询问该公司木材加工情况。甲公司向法院起诉要求撤销省林业局的处罚决定。

因甲公司停产，无法履行与乙公司签订的合同，乙公司要求支付货款并赔偿损失，甲公司表示无力支付和赔偿，乙公司向当地公安局报案。2010年10月8日，公安局以涉嫌诈骗为由将甲公司法定代表人张某刑事拘留，1个月后，张某被批捕。2011年4月1日，检察院以证据不足为由作出不起诉决定，张某被释放。张某遂向乙公司所在地公安局提出国家赔偿请求，公安局以未经确认程序为由拒绝张某请求。张某又向检察院提出赔偿请求，检察院以本案应当适用修正前的《国家赔偿法》（2010年）[1]，此种情形不属于国家赔偿范围为由拒绝张某请求。

问题：

1. 甲公司向法院提起行政诉讼，如何确定本案的地域管辖？

---

[1]《国家赔偿法》在2012年又最新修正。

2. 对省林业局的处罚决定，乙公司是否有原告资格？为什么？

3. 甲公司对省林业局的致函能否提起行政诉讼？为什么？

4. 省林业公安局对李某的传唤能否成为本案的审理对象？为什么？李某能否成为传唤对象？为什么？

5. 省林业局要求甲公司办理的木材加工许可证属于何种性质的许可？地方性法规是否有权创设？

6. 对张某被羁押是否应当给予国家赔偿？为什么？

7. 公安局拒绝赔偿的理由是否成立？为什么？

8. 检察院拒绝赔偿的理由是否成立？为什么？

解 答

1. 甲公司向法院提起行政诉讼，如何确定本案的地域管辖？

考点 行政诉讼的地域管辖

解题思路 行政诉讼的地域管辖分为一般地域管辖和特殊地域管辖。根据《行政诉讼法》第18条第1款的规定，行政案件由最初作出行政行为的行政机关所在地人民法院管辖。经复议的案件，也可以由复议机关所在地人民法院管辖。此款规定确立了行政诉讼一般地域管辖实行"原告就被告"原则。根据《行政诉讼法》第19条的规定，对限制人身自由的行政强制措施不服提起的诉讼，由被告所在地或者原告所在地人民法院管辖。此条规定确立了特殊地域管辖中的原告所在地法院管辖。根据《行政诉讼法》第20条的规定，因不动产提起的行政诉讼，由不动产所在地人民法院管辖。此条规定确立了特殊地域管辖中的不动产所在地法院专属管辖。根据《行政协议案件规定》第7条的规定，当事人书面协议约定选择被告所在地、原告所在地、协议履行地、协议订立地、标的物所在地等与争议有实际联系地点的人民法院管辖的，人民法院从其约定，但违反级别管辖和专属管辖的除外。此条规定确立了特殊地域管辖中行政协议案件的约定管辖。题目中，被诉行政行为为省林业局的没收和罚款处罚决定，既不涉及不动产也不涉及人身自由，又不是行政协议案件，不属于行政诉讼特殊地域管辖的情形，应按照行政诉讼一般地域管辖规则确定本案的管辖法院，由最初作出行政行为的行政机关所在地法院管辖。

[提　示] 行政诉讼的地域管辖的原则是被告所在地法院管辖，经复议改变的案件增加原行为机关所在地法院管辖，限制人身自由的案件增加原告所在地法院管辖，涉及不动产的案件由不动产所在地法院专属管辖，行政协议案件尊重当事人的约定，由当事人选择的、与争议有实际联系地点的法院管辖。

[参考答案] 根据《行政诉讼法》第18条第1款的规定，本案由省林业局所在地法院管辖。因为本案被诉行政行为为省林业局直接作出的没收和罚款的行政处罚，且不属于行政诉讼特殊地域管辖的情形，故本案应由最初作出行政行为的行政机关所在地法院管辖。

2. 对省林业局的处罚决定，乙公司是否有原告资格？为什么？

[考　点] 行政诉讼的原告

....

....

....

....

....

....

解题思路 根据《行政诉讼法》第25条第1款的规定，行政行为的相对人以及其他与行政行为有利害关系的公民、法人或者其他组织，有权提起诉讼。由此可知，行政行为的相对人和利害关系人具有原告资格。利害关系，是指当事人的合法权益与行政行为之间存在直接、内在的关联。根据《行诉解释》第13条的规定，债权人以行政机关对债务人所作的行政行为损害债权实现为由提起行政诉讼的，人民法院应当告知其就民事争议提起民事诉讼，但行政机关作出行政行为时依法应予保护或者应予考虑的除外。由此可知，债权人在一般情况下没有原告资格，只有债权人与行政行为有利害关系时，其才具有原告资格，债权人与行政行为有利害关系就是行政机关作出行政行为时依法应予保护或者应予考虑债权人的权益。题目中，处罚对象针对的是甲公司，甲公司作为行政行为的相对人具有原告资格，乙公司只是依双方签订的合同为甲公司提供木材，甲、乙公司之间的合同属于买卖合同，乙公司是买卖合同的债权人。虽然省林业局对甲公司的处罚行为会对乙公司产生影响，如处罚致使甲公司无法履行合同、支付乙公司货款，但这种影响是间接的，因为省林业局对甲公司进行处罚时没有法律义务去保护或者考虑乙公司的权益，乙公司与处罚行为没有利害关系，乙公司不能对省林业局提起行政诉讼，但其可以通过对甲公司提起民事诉讼等途径维护权益。

提　示 如果甲、乙公司之间的合同不是买卖合同，而是承揽合同，乙公司对甲公司加工的木材拥有所有权，此时省林业局对甲公司进行处罚时依法应保护或者考虑乙公司的权益，乙公司与处罚行为中的没收就有利害关系，乙公司就具有原告资格。

参考答案 根据《行政诉讼法》第25条第1款和《行诉解释》第13条的规

定，因为乙公司与省林业局的处罚行为没有利害关系，所以对于省林业局作出的处罚决定，乙公司不具有原告资格。对甲公司不能履行合同给乙公司带来的损失，乙公司可以通过对甲公司提起民事诉讼等途径获得救济。

3. 甲公司对省林业局的致函能否提起行政诉讼？为什么？

   考 点 行政诉讼的受案范围

   解题思路 本题需要从致函行为的性质来判断其是否属于行政诉讼的受案范围。题目中，省林业局向甲公司致函的内容是"告知按照本省地方性法规的规定，新建木材加工企业必须经省林业局办理木材加工许可证后，方能向工商行政管理部门申请企业登记，违者将受到处罚"。从内容上分析，致函并未确认、改变或消灭甲公司法律上的权利义务，而是一种信息告知和劝导行为，该行为属于行政指导行为。根据《行诉解释》第1条第2款的规定，下列行为不属于人民法院行政诉讼的受案范围：……③行政指导行为；……因此致函行为不属于行政诉讼的受案范围，甲公司不能对致函提起行政诉讼。

   提 示 行政指导行为由于没有强制性，不属于行政诉讼的受案范围。如果行政机关在实施行政指导时带有强制性，这种假指导，真强制的行为，就属于行政诉讼的受案范围。

参考答案 不能。因为致函是一种告知、劝告行为，并未确认、改变或消灭甲公司法律上的权利义务，是行政指导行为。根据《行诉解释》第1条第2款第3项的规定，行政指导行为不属于行政诉讼的受案范围。

4. **省林业公安局对李某的传唤能否成为本案的审理对象？为什么？李某能否成为传唤对象？为什么？**

考 点 行政诉讼的审理对象；治安传唤

解题思路 根据《行政诉讼法》第6条的规定，人民法院审理行政案件，对行政行为是否合法进行审查。题目中已明确，甲公司向法院起诉请求撤销省林业局的处罚决定，因此案件的被诉行政行为是行政处罚决定，法院的审理对象为省林业局的处罚决定。传唤由省林业公安局实施，所针对的对象为甲公司人员李某，遵循不告不理的原则，传唤不是本案的审理对象。

由题目可知，省林业公安局对李某的传唤目的是询问甲公司木材加工情况，而不是调查李某自身的违法行为。根据《治安管理处罚法》第82条第1款的规定，需要传唤违反治安管理行为人接受调查的……根据《治安管理处罚法》第83

条第1款的规定，对违反治安管理行为人，公安机关传唤后应当及时询问查证……根据《治安管理处罚法》第85条第1款的规定，人民警察询问被侵害人或者其他证人，可以到其所在单位或者住处进行；必要时，也可以通知其到公安机关提供证言。由此可知，传唤适用于违反治安管理行为人，对于没有违反治安管理的人，不是采用传唤方式，而是采用通知方式。因此，李某不是违反治安管理行为人，不能成为传唤对象。

[提　示] 行政诉讼的审理对象不是由法院决定的，而是法院根据原告的诉求来确定的。

[参考答案] 省林业公安局对李某的传唤行为不能成为本案的审理对象。因为本案原告的诉讼请求是撤销省林业局的处罚行为，传唤行为由省林业公安局实施，与本案诉求无关，不能成为本案的审理对象。

李某不能成为传唤对象。因为根据《治安管理处罚法》第82条第1款的规定，治安传唤适用的对象是违反治安管理行为人，李某并未违反治安管理规定，故省林业公安局不得对李某进行传唤。

5. **省林业局要求甲公司办理的木材加工许可证属于何种性质的许可？地方性法规是否有权创设？**

[考　点] 行政许可的设定

解题思路 由题目可知,省林业局根据本省地方性法规的规定致函甲公司,凡办理新建木材加工的企业应先办理木材加工许可证,才能向工商行政管理部门申请企业登记。因此,省林业局要求甲公司办理的木材加工许可证属于设立木材加工企业的前置性行政许可。根据《行政许可法》第15条第2款的规定,地方性法规和省、自治区、直辖市人民政府规章,不得设定应当由国家统一确定的公民、法人或者其他组织的资格、资质的行政许可;不得设定企业或者其他组织的设立登记及其前置性行政许可。由此可知,地方性法规不得设定"前置性行政许可"。

提 示 地方性法规设定行政许可的五个限制:

（1）不得设定应当由国家统一确定的公民、法人或者其他组织的资格、资质的许可;

（2）不得设定企业或者其他组织的设立登记的许可;

（3）不得设定企业或者其他组织的设立登记的前置性许可;

（4）不得设定限制其他地区的个人或者企业到本地区从事生产经营和提供服务的许可;

（5）不得设定限制其他地区的商品进入本地区市场的许可。

参考答案 省林业局要求甲公司办理的木材加工许可证属于企业设立登记的前置性行政许可。根据《行政许可法》第15条第2款的规定,地方性法规不得设定企业或其他组织的设立登记及其前置性行政许可。

6. 对张某被羁押是否应当给予国家赔偿？为什么？

  考 点 刑事赔偿范围

[解题思路] 张某是在 2010 年 10 月 8 日被公安局刑事拘留，后被逮捕；2011 年 4 月 1 日，检察院以证据不足为由作出不起诉决定，张某被释放。根据《国家赔偿法》第 17 条的规定，行使侦查、检察、审判职权的机关以及看守所、监狱管理机关及其工作人员在行使职权时有下列侵犯人身权情形之一的，受害人有取得赔偿的权利：……②对公民采取逮捕措施后，决定撤销案件、不起诉或者判决宣告无罪终止追究刑事责任的；……这是对错误逮捕的刑事赔偿规定。张某属于被逮捕后决定不起诉的情形，对张某被羁押应当给予其国家赔偿。

[提　　示] 错误逮捕的国家赔偿采取结果归责的原则，只要逮捕之后决定撤销案件、不起诉或者判决宣告无罪终止追究刑事责任，受到羁押的当事人都应当被给予国家赔偿。

[参考答案] 对张某被羁押应当给予国家赔偿。因为根据《国家赔偿法》第 17 条第 2 项的规定，对公民采取逮捕措施后，决定不起诉或判决宣告无罪终止追究刑事责任的，受害人有取得国家赔偿的权利。

7. 公安局拒绝赔偿的理由是否成立？为什么？

　　[考　　点] 刑事赔偿程序

[解题思路] 张某是在 2010 年 10 月 8 日被公安局刑事拘留,后被逮捕;2011 年 4 月 1 日,检察院以证据不足为由作出不起诉决定,张某被释放。如上所述,张某申请的国家赔偿属于刑事赔偿,应适用刑事赔偿程序。对张某的侵权行为虽发生在 2010 年修正的《国家赔偿法》生效前,但持续至其生效后。2010 年 12 月 1 日,修正后的《国家赔偿法》生效,而张某是在 2011 年 4 月 1 日之后向公安局提出赔偿请求的。根据《国家赔偿法解释(一)》第 2 条的规定,国家机关及其工作人员行使职权侵犯公民、法人和其他组织合法权益的行为发生在 2010 年 12 月 1 日以前的,适用修正前的《国家赔偿法》,但有下列情形之一的,适用修正的《国家赔偿法》:……②赔偿请求人在 2010 年 12 月 1 日以后提出赔偿请求的。张某申请的国家赔偿应适用 2010 年修正的《国家赔偿法》,而 2010 年修正的《国家赔偿法》取消了刑事赔偿中的确认程序,因此公安局以未经确认程序为由拒绝赔偿没有法律依据,此理由不能成立。如果公安局以其不是赔偿义务机关为由拒绝赔偿就具有法律依据,根据《国家赔偿法》第 21 条第 3 款的规定,对公民采取逮捕措施后决定撤销案件、不起诉或者判决宣告无罪的,作出逮捕决定的机关为赔偿义务机关。赔偿义务机关是检察院,张某应当向检察院提出赔偿请求。

[提 示] 2010 年修正的《国家赔偿法》只是取消了刑事赔偿中的确认程序,并不是说刑事赔偿不需要对刑事侵权行为进行确认,而是为了方便赔偿请求人,对刑事赔偿程序进行的简化,刑事赔偿仍然要对刑事侵权行为进行确认。

[参考答案] 公安局拒绝赔偿的理由不成立。因为 2010 年修正的《国家赔偿法》已经取消了刑事赔偿的确认程序,以此为由拒绝赔偿缺乏法律依据。

8. 检察院拒绝赔偿的理由是否成立？为什么？

考　点　新旧《国家赔偿法》的适用

解题思路 张某在 2010 年 10 月 8 日被公安局刑事拘留，后被逮捕；2011 年 4 月 1 日，检察院以证据不足为由作出不起诉决定，张某被释放。张某向检察院提出赔偿请求，但检察院以本案应当适用修正前的《国家赔偿法》，此种情形不属于国家赔偿范围为由拒绝张某提出的赔偿请求。根据《国家赔偿法解释（一）》第 1 条的规定，国家机关及其工作人员行使职权侵犯公民、法人和其他组织合法权益的行为发生在 2010 年 12 月 1 日以后，或者发生在 2010 年 12 月 1 日以前、持续至 2010 年 12 月 1 日以后的，适用 2010 年修正的《国家赔偿法》。张某被逮捕后的羁押一直持续到 2011 年 4 月 1 日，因此对张某被羁押是否赔偿应适用修正后的《国家赔偿法》。根据 2010 年修正的《国家赔偿法》第 17 条第 2 项的规定，张某被羁押是错误逮捕，属于国家赔偿范围。因此，检察院拒绝赔偿张某的理由不能成立。

提　示　新旧《国家赔偿法》（相较于2010年修正版）的适用

具体情形		适用结果
侵权行为发生在旧法实施期间	一般情况下	适用旧法
	侵权行为持续至新法实施	适用新法
	需要在新法实施期间作出生效赔偿决定（旧法实施期间已经受理赔偿请求但尚未作出生效赔偿决定）	
	赔偿请求人在新法实施期间提出赔偿请求	
作出且已生效的不予确认职务行为违法的法律文书	公民、法人和其他组织直接申请赔偿（职务行为未经有权机关作出侵权确认结论）	适用旧法（不予受理）
发生法律效力的赔偿决定	公民、法人和其他组织提出申诉	适用旧法
	公民、法人和其他组织仅就新法增加的赔偿项目及标准提出申诉	适用旧法（不予受理）
发生法律效力的确认裁定、赔偿决定	人民法院审查发现确有错误	适用旧法

参考答案　检察院拒绝赔偿的理由不成立。因为本案侵权行为持续到2010年12月1日以后，根据《国家赔偿法解释（一）》第1条的规定，应当适用2010年修正的《国家赔偿法》。张某被羁押是错误逮捕，根据2010年修正的《国家赔偿法》第17条第2项的规定，属于国家赔偿范围。

集萃十一
2008 年司考卷四第六题

案情：

因某市某区花园小区进行旧城改造，区政府作出《关于做好花园小区旧城改造房屋拆迁补偿安置工作的通知》，王某等 205 户被拆迁户对该通知不服，向区政府申请行政复议，要求撤销该通知。区政府作出《行政复议告知书》，告知王某等被拆迁户向市政府申请复议。市政府作出《行政复议决定书》，认为《通知》是抽象行政行为，裁定不予受理复议申请。王某等 205 户被拆迁户不服市政府不予受理复议申请的决定，向法院提起诉讼。一审法院认为，在非复议前置前提下，当事人对复议机关不予受理决定不服而起诉，要求法院立案受理缺乏法律依据，裁定驳回原告起诉。

问题：

1. 本案是否需要确定诉讼代表人？如何确定？
2. 行政诉讼中以复议机关为被告的情形主要包括哪些？
3. 若本案原告不服一审裁定，提起上诉的主要理由是什么？
4. 如果二审法院认为复议机关不予受理行政复议申请的理由不成立，应当如何判决？
5. 本案一、二审法院审理的对象是什么？为什么？
6. 若本案原告不服一审裁定提起上诉，在二审期间市政府会同区政府调整了补偿标准，上诉人申请撤回上诉，法院是否应予准许？理由是什么？

解 答

1. 本案是否需要确定诉讼代表人？如何确定？

103

考　点 行政诉讼代表人

解题思路 根据《行政诉讼法》第28条的规定，当事人一方人数众多的共同诉讼，可以由当事人推选代表人进行诉讼。代表人的诉讼行为对其所代表的当事人发生效力，但代表人变更、放弃诉讼请求或者承认对方当事人的诉讼请求，应当经被代表的当事人同意。根据《行诉解释》第29条的规定，《行政诉讼法》第28条规定的"人数众多"，一般指10人以上。根据《行政诉讼法》第28条的规定，当事人一方人数众多的，由当事人推选代表人。当事人推选不出的，可以由人民法院在起诉的当事人中指定代表人。《行政诉讼法》第28条规定的代表人为2~5人。代表人可以委托1~2人作为诉讼代理人。本案中提起诉讼的原告有205户被拆迁户，达到同案原告10人以上的标准，因此，需要确定诉讼代表人。此时，先由当事人推选代表人；当事人推选不出的，可以由法院在起诉的当事人中指定代表人。

提　示 当事人一方人数众多（10人以上）的共同诉讼需要确定诉讼代表人，诉讼代表人先由当事人推选；当事人推选不出的，由法院指定代表人。

[参考答案] 根据《行政诉讼法》第28条和《行诉解释》第29条的规定，本案需要确定诉讼代表人。本案中，205户被拆迁户提起共同诉讼，原告方达到人数众多的标准，应由205户被拆迁户推选2~5名代表人；205户被拆迁户推选不出的，可以由法院在205户被拆迁户中指定代表人。

2. 行政诉讼中以复议机关为被告的情形主要包括哪些？

[考　点] 行政诉讼的被告

[解题思路]

（1）在复议机关作为的情况下，根据《行政诉讼法》第26条第2款的规定，经复议的案件，复议机关决定维持原行政行为的，作出原行政行为的行政机关和复议机关是共同被告；复议机关改变原行政行为的，复议机关是被告。

（2）在复议机关不作为的情况下，根据《行政诉讼法》第26条第3款的规定，复议机关在法定期限内未作出复议决定，公民、法人或者其他组织起诉原行政行为的，作出原行政行为的行政机关是被告；起诉复议机关不作为的，复议机关是被告。这里的复议机关在法定期间内未作出复议决定，还包括复议机关拒绝受理和不予答复两种情况。

[提 示] 经过复议的案件有两种情形：复议不作为和复议作为，确定被告的关键在于诉什么行为。

(1) 复议不作为：起诉复议不作为的，被告为复议机关；起诉原行政行为的，被告为原行为机关。

(2) 复议作为：复议改变原行政行为，起诉复议改变行为的，被告为复议机关；复议维持原行政行为，起诉原行政行为和复议维持行为的，被告为原行为机关和复议机关。

[参考答案] 根据《行政诉讼法》第26条第2、3款的规定，行政诉讼中以复议机关为被告的情形主要包括：

(1) 复议机关在法定期限内未作出复议决定（包括复议机关拒绝受理复议申请和不予答复），原告起诉复议机关不作为的，复议机关为被告；

(2) 复议机关改变原行政行为，原告起诉复议机关改变决定的，复议机关为被告；

(3) 复议机关维持原行政行为，原告起诉复议机关维持决定和原行政行为的，复议机关和原行为机关为共同被告。

3. 若本案原告不服一审裁定，提起上诉的主要理由是什么？

[考 点] 行政诉讼裁定的上诉

[解题思路] 根据《行政诉讼法》第 26 条第 3 款的规定，复议机关在法定期限内未作出复议决定，公民、法人或者其他组织起诉原行政行为的，作出原行政行为的行政机关是被告；起诉复议机关不作为的，复议机关是被告。该规定并未区分复议前置与否，而是统一把复议不作为看作是一项独立的诉讼事由。本案中一审法院认为，在非复议前置前提下，当事人对复议机关不予受理决定不服而起诉，要求法院立案受理缺乏法律依据，故裁定驳回原告起诉。即一审法院的观点是：如果复议前置，当事人对复议机关不予受理决定不服而起诉，法院可以受理；但是，非复议前置，复议机关不予受理，当事人只能起诉原行政行为。这种观点没有法律依据，复议机关不受理复议申请决定的行为是复议机关的一项具体行为，无论复议前置与否，只要当事人对复议不作为不服，都可以提起行政诉讼。

[提　　示] 复议机关在法定期限内未作出复议决定，公民、法人或者其他组织既可以起诉原行政行为，也可以起诉复议机关不作为，与复议前置与否无关，复议不作为是行政复议机关的独立行为，也是独立的诉讼事由。

[参考答案] 根据《行政诉讼法》第 26 条第 3 款的规定，若本案原告不服一审裁定，提起上诉的主要理由是：复议机关不受理复议申请的行为是复议机关的一项具体行为，无论其是否属于行政复议前置的情形，只要原告不服该复议决定，均可以起诉，法院均应予受理。

4. 如果二审法院认为复议机关不予受理行政复议申请的理由不成立，应当如何判决？

[考　　点] 行政诉讼的判决

解题思路 根据《行政诉讼法》第70条的规定，行政行为有下列情形之一的，人民法院判决撤销或者部分撤销，并可以判决被告重新作出行政行为：①主要证据不足的；②适用法律、法规错误的；③违反法定程序的；④超越职权的；⑤滥用职权的；⑥明显不当的。根据《行政诉讼法》第72条的规定，人民法院经过审理，查明被告不履行法定职责的，判决被告在一定期限内履行。本案中，复议机关不予受理复议申请，属于违反法律、不履行法定职责的行为。因此，如果二审法院认为复议机关不予受理行政复议申请的理由不成立，应当判决撤销复议机关不予受理行政复议申请的决定，并责令复议机关受理复议申请。

提示 判决撤销并责令被告重新作出行政行为，适用于违法行政行为被撤销后需要被告对行政行为所涉及事项作出处理的情形。

参考答案 根据《行政诉讼法》第70、72条的规定，如果二审法院认为复议机关不予受理行政复议申请的理由不成立，应当判决撤销"不予受理决定书"，责令复议机关受理复议申请。

5. 本案一、二审法院审理的对象是什么？为什么？

考　点 行政诉讼的审理对象

解题思路 根据《行政诉讼法》第6条的规定，人民法院审理行政案件，对行政行为是否合法进行审查。因此，行政诉讼审理的对象是被诉行政行为。本案中，王某等205户被拆迁户不服市政府不予受理复议申请的决定，向法院提起诉讼，被诉行政行为就是市政府不予受理复议申请的决定，故本案一审法院审理的对象是市政府不予受理复议申请的决定的合法性。《行政诉讼法》第87条规定，人民法院审理上诉案件，应当对原审人民法院的判决、裁定和被诉行政行为进行全面审查。本案中，一审法院裁定驳回原告起诉，因此，二审法院不仅要审查一审法院驳回原告起诉的裁定，而且还要审查市政府不予受理复议申请的决定。

提　示 行政诉讼的一审法院审理的对象是被诉行政行为，二审法院审理的对象是一审法院的裁判和被诉行政行为。

参考答案 本案一审法院审理的对象是市政府不予受理复议申请的决定。根据《行政诉讼法》第6条的规定，原告起诉要求撤销市政府不予受理复议申请的决定，法院应当以该决定作为合法性审查的对象。二审法院审理的对象是市政府不予受理复议申请的决定和一审法院驳回起诉的裁定。根据《行政诉讼法》第87条的规定，人民法院审理上诉案件，应当对原审人民法院的判决、裁定和被诉行政行为进行全面审查。

6. 若本案原告不服一审裁定提起上诉，在二审期间市政府会同区政府调整了补偿标准，上诉人申请撤回上诉，法院是否应予准许？理由是什么？

考 点 行政诉讼的撤诉

解题思路 根据《行政诉讼撤诉规定》第8条第1款的规定，第二审或者再审期间行政机关改变被诉具体行政行为，当事人申请撤回上诉或者再审申请的，参照本规定。其实际上是参照《行政诉讼撤诉规定》第2条的规定，即被告改变被诉具体行政行为，原告申请撤诉，符合下列条件的，人民法院应当裁定准许：①申请撤诉是当事人真实意思表示；②被告改变被诉具体行政行为，不违反法律、法规的禁止性规定，不超越或者放弃职权，不损害公共利益和他人合法权益；③被告已经改变或者决定改变被诉具体行政行为，并书面告知人民法院；④第三人无异议。因此，二审期间市政府会同区政府调整了补偿标准，属于行政机关改变被诉行政行为，上诉人可以在二审期间撤回上诉，只要符合《行政诉讼撤诉规定》第2条规定的条件，法院即应当裁定准许撤回上诉。

[提　示] 行政机关可以在一审中改变行政行为，原告可以在一审期间撤回起诉；行政机关也可以在二审中改变行政行为，上诉人可以在二审期间撤回上诉；行政机关还可以在再审中改变行政行为，再审申请人可以在再审期间撤回再审申请。法院是否准许，取决于其是否符合《行政诉讼撤诉规定》第2条所规定的条件。

[参考答案] 根据《行政诉讼撤诉规定》第2、8条的规定，若本案原告上诉后市政府会同区政府调整了补偿标准，上诉人可以申请撤回上诉，法院经审查，认为该市、区政府调整补偿标准的行为不违反法律、法规的禁止性规定，不超越或放弃职权，不损害公共利益和他人合法权益，申请撤回上诉是上诉人的真实意思表示，第三人也无异议的，应予准许。

第二部分 大综案例

案例一
坚业科技公司申请行政复议案

案情：

2021年8月24日，某经济特区市的市政府采购中心发布采购公告，坚业科技公司参与投标。经过专家综合评审，坚业科技公司综合得分第一，被确定为中标供应商。采购结果公示期间，某公司提出质疑，称坚业科技公司提供虚假的检测报告。

2023年4月15日，该市财政局作出行政处理决定：查明坚业科技公司在投标文件中提供的两份检测报告经检测机构核实，均为虚假材料，坚业科技公司的上述行为属于《某经济特区政府采购条例》第57条第3项规定的"隐瞒真实情况，提供虚假资料"的情形，根据《某经济特区政府采购条例》第57条第3项、《某经济特区政府采购条例实施细则》第77条第1款第5项的规定，现决定将坚业科技公司记入供应商诚信档案，并作出罚款人民币51 705.2元、3年内禁止参与该市政府采购的行政处理决定。该市财政局向坚业科技公司送达行政处理决定时，没有告知坚业科技公司申请行政复议的权利、行政复议机关和申请期限。

2024年3月15日，坚业科技公司对行政处理决定申请行政复议，一并请求审查《某经济特区政府采购条例》第57条第3项、《某经济特区政府采购条例实施细则》第77条第1款第5项规定的合法性。复议机关受理案件。

材料：

1. 《某经济特区政府采购条例》

第57条　供应商在政府采购中，有下列行为之一的，1~3年内禁止其参与本市政府采购，并由主管部门记入供应商诚信档案，处采购金额千分之十以上千分之二十以下罚款；情节严重的，取消其参与本市政府采购资格，处采购金额千分之二十以上千分之三十以下罚款，并由市场监管部门依法吊销其营业执照；给他人造成损失的，依法承担赔偿责任；构成犯罪的，依法追究刑事责任：

（一）在采购活动中应当回避而未回避的；

（二）未按照本条例规定签订、履行采购合同，造成严重后果的；

（三）隐瞒真实情况，提供虚假资料的；

（四）以非法手段排斥其他供应商参与竞争的；

（五）与其他采购参加人串通投标的；

（六）恶意投诉的；

（七）向采购项目相关人行贿或者提供其他不当利益的；

（八）阻碍、抗拒主管部门监督检查的；

（九）其他违反本条例规定的行为。

2. 《某经济特区政府采购条例实施细则》

第77条　供应商有下列情形之一的，属于隐瞒真实情况，提供虚假资料，按照采购条例第57条的有关规定处理：

（一）通过转让或者租借等方式从其他单位获取资格或者资质证书投标的；

（二）由其他单位或者其他单位负责人在投标供应商编制的投标文件上加盖印章或者签字的；

（三）项目负责人或者主要技术人员不是本单位人员的；

（四）投标保证金不是从投标供应商基本账户转出的；

（五）其他隐瞒真实情况、提供虚假资料的行为。

投标供应商不能提供项目负责人或者主要技术人员的劳动合同、社会保险等劳动关系证明材料的，视为存在前款第3项规定的情形。

问题：

1. 坚业科技公司提出行政复议的申请期限如何确定？

2. 如何确定本案的行政复议机关？

3. 坚业科技公司一并请求审查《某经济特区政府采购条例》第57条第3项、《某经济特区政府采购条例实施细则》第77条第1款第5项规定的合法性，复议机关如何处理？

4. 本案中，行政处理决定的举证责任由谁承担？是否应当证明行政处理决定的适当性？

5. 若本案组织听证，如何通知坚业科技公司参加听证？对该市财政局相关人员参加听证有何要求？

6. 本案能否进行调解？若可以调解，当事人拒不履行行政复议调解书应如何处理？

核心考点

行政复议的申请期限、管辖、附带审查、举证责任、听证、调解、执行

解题思路

1. 关于行政复议申请期限，《行政复议法》第 20 条第 1 款规定，公民、法人或者其他组织认为行政行为侵犯其合法权益的，可以自知道或者应当知道该行政行为之日起 60 日内提出行政复议申请；但是法律规定的申请期限超过 60 日的除外。该条款规定的当事人自知道或应当知道行政行为之日起 60 日内提出行政复议申请，其实是有前提条件的，即行政机关作出行政行为时，当事人知道或应当知道行政行为的内容，并且行政机关告知了当事人对该行政行为可以申请行政复议。2023 年修订的《行政复议法》增加了一种特殊情形下的行政复议申请期限的确定。《行政复议法》第 20 条第 3 款规定，行政机关作出行政行为时，未告知公民、法人或者其他组织申请行政复议的权利、行政复议机关和申请期限的，申请期限自公民、法人或者其他组织知道或者应当知道申请行政复议的权利、行政复议机关和申请期限之日起计算，但是自知道或者应当知道行政行为内容之日起最长不得超过 1 年。该条款是为了解决在行政机关作出行政行为，告知当事人行政行为的内容，但未告知申请行政复议的情形下，如何确定行政复议申请期限的问题，也就是当事人应当自知道或应当知道申请行政复议的权利、行政复议机关和申请期限之日起 60 日内提出行政复议申请，但是申请复议期限自知道或应当知道行政行为内容之日起最长不得超过 1 年。本案就是考查行政机关作出行政行为时，当事人知道行政行为的内容但不知道申请行政复议的权利、行政复议机关和申请期限，此种情况下如何确定行政复议的申请期限。

结合本案的案情事实，2023 年 4 月 15 日，该市财政局作出行政处理决定并向坚业科技公司送达，坚业科技公司在 2023 年 4 月 15 日知道行政处理决定的内容，但由于该市财政局向坚业科技公司送达行政处理决定时没有告知坚业科技公司申请行政复议的权利、行政复议机关和申请期限，因此，坚业科技公司申请行政复议的60日申请期限就不能自2023年4月15日起计算，而应当自坚业科技公司知道或者应当知道申请行政复议的权利、行政复议机关和申请期限之日起计算，但自坚业科技公司知道行政处理决定内容之日起最长不得超过1年。2024年3月15日，坚业科技公司对行政处理决定申请行政复议，并没有超过2023年4月15日（坚业科技公司知道行政处理决定的内容）起1年的最长申请期限。

2. 2023年修订的《行政复议法》对地方行政复议管辖有重大调整。《行政复议法》第24条第1款规定，县级以上地方各级人民政府管辖下列行政复议案件：①对本级人民政府工作部门作出的行政行为不服的；……该规定改变了《行政复议法》2023年修订之前关于县级以上地方各级政府工作部门作为被申请人的管辖，也就是取消了上一级主管部门的复议管辖权，对县级以上地方各级政府工作部门作出的行政行为申请行政复议的，行政复议机关是本级政府。本案中，坚业科技公司对该市财政局作出的行政处理决定申请行政复议，该市财政局作为市政府的工作部门，复议机关为该市政府。

3. 本题考查的是行政复议的依申请附带审查，涉及两个知识点：①附带审查程序能不能启动？②附带审查程序启动后如何进行？若附带审查程序不能启动，就不需要考虑附带审查程序如何进行的问题。《行政复议法》第13条规定，公民、法人或者其他组织认为行政机关的行政行为所依据的下列规范性文件不合法，在对行政行为申请行政复议时，可以一并向行政复议机关提出对该规范性文件的附带审查申请：①国务院部门的规范性文件；②县级以上地方各级人民政府及其工作部门的规范性文件；③乡、镇人民政府的规范性文件；④法律、法规、规章授权的组织的规范性文件。前款所列规范性文件不含规章。规章的审查依照法律、行政法规办理。由此可知，行政复议的依申请附带审查程序的启动需要同时满足以下三个条件：①申请人对行政行为申请复议时才能附带申请审查规范性文件；②附带审查的规范性文件是被申请复议的行政行为的依据；③附带审查的规范性文件是国务院部门的规范性文件，县级以上地方各级人民政府及其工作部门的规范性文件，乡、镇人民政府的规范性文件或者法律、法规、规章授权的组织的规范性文件，即规章以下的行政规范性文件（不含规章）。

本案中，坚业科技公司对行政处理决定申请行政复议，一并请求审查《某经济特区政府采购条例》第57条第3项、《某经济特区政府采购条例实施细则》第

77条第1款第5项规定的合法性。根据案情事实可知，《某经济特区政府采购条例》第57条第3项、《某经济特区政府采购条例实施细则》第77条第1款第5项的规定，是作出行政处理决定的依据，符合上述第①、②项条件，但是其不满足上述第③项条件。由案情和材料可知，该市是经济特区市，具有地方立法权，《某经济特区政府采购条例》是地方性法规，《某经济特区政府采购条例实施细则》是地方政府规章，二者都不属于行政复议中附带审查的规范性文件的范围。因此本案复议中不会启动对《某经济特区政府采购条例》第57条第3项、《某经济特区政府采购条例实施细则》第77条第1款第5项规定的附带审查程序。

4. 行政复议案件的举证责任也是2023年修订的《行政复议法》的新增内容。《行政复议法》第44条第1款规定，被申请人对其作出的行政行为的合法性、适当性负有举证责任。本案中，该市财政局对其作出的行政处理决定的合法性、适当性负有举证责任。

5. 行政复议程序中的听证规则也是2023年修订的《行政复议法》的新增内容。《行政复议法》第51条规定，行政复议机构组织听证的，应当于举行听证的5日前将听证的时间、地点和拟听证事项书面通知当事人。申请人无正当理由拒不参加听证的，视为放弃听证权利。被申请人的负责人应当参加听证。不能参加的，应当说明理由并委托相应的工作人员参加听证。结合本案案情，坚业科技公司作为行政复议申请人，行政复议机构组织听证的，应当于举行听证的5日前将听证的时间、地点和拟听证事项书面通知坚业科技公司。该市财政局作为行政复议被申请人，其负责人应当参加听证。不能参加的，应当说明理由并委托该市财政局相应的工作人员参加听证。

6. 2023年修订的《行政复议法》对行政复议案件的调解范围不再进行限定。《行政复议法实施条例》第50条第1款规定，有下列情形之一的，行政复议机关可以按照自愿、合法的原则进行调解：①公民、法人或者其他组织对行政机关行使法律、法规规定的自由裁量权作出的具体行政行为不服申请行政复议的；②当事人之间的行政赔偿或者行政补偿纠纷。该条款将行政复议案件的调解范围限定在行政裁量案件、行政赔偿案件和行政补偿案件。但根据修订后的《行政复议法》第5条第1款的规定，行政复议机关办理行政复议案件，可以进行调解。即所有的行政复议案件都可以进行调解。

当事人拒不履行行政复议调解书，既包括行政复议被申请人不履行行政复议调解书，也包括行政复议申请人、第三人不履行行政复议调解书。2023年修订的

《行政复议法》对行政复议调解书的执行的规定也有所改变。《行政复议法》第77条规定，被申请人应当履行行政复议决定书、调解书、意见书。被申请人不履行或者无正当理由拖延履行行政复议决定书、调解书、意见书的，行政复议机关或者有关上级行政机关应当责令其限期履行，并可以约谈被申请人的有关负责人或者予以通报批评。因此，本案中，行政复议被申请人——该市财政局不履行行政复议调解书的，行政复议机关——该市政府或者有关上级行政机关应当责令其限期履行，并可以约谈该市财政局的有关负责人或者予以通报批评。《行政复议法》第78条规定，申请人、第三人逾期不起诉又不履行行政复议决定书、调解书的，或者不履行最终裁决的行政复议决定的，按照下列规定分别处理：……③行政复议调解书，由行政复议机关依法强制执行，或者申请人民法院强制执行。因此，本案中，行政复议申请人——坚业科技公司不履行行政复议调解书的，由行政复议机关——该市政府依法强制执行，或者申请人民法院强制执行。

参考答案

1. 根据《行政复议法》第20条第1、3款的规定，由于该市财政局向坚业科技公司送达行政处理决定时没有告知坚业科技公司申请行政复议的权利、行政复议机关和申请期限，因此坚业科技公司可以自知道或者应当知道申请行政复议的权利、行政复议机关和申请期限之日起60日内提出行政复议申请，但自坚业科技公司2023年4月15日知道行政处理决定内容之日起最长不得超过1年。

2. 根据《行政复议法》第24条第1款第1项的规定，坚业科技公司对该市财政局作出的行政处理决定申请行政复议，该市财政局作为市政府的工作部门，复议机关为该市政府。

3. 该市是经济特区市，具有地方立法权，《某经济特区政府采购条例》是地方性法规，《某经济特区政府采购条例实施细则》是地方政府规章，根据《行政复议法》第13条的规定，二者都不属于行政复议中附带审查的规范性文件的范围。因此，坚业科技公司一并请求审查《某经济特区政府采购条例》第57条第3项、《某经济特区政府采购条例实施细则》第77条第1款第5项规定的合法性，复议机关不予处理。

4. 根据《行政复议法》第44条第1款的规定，行政处理决定的举证责任由被申请人——该市财政局承担，该市财政局应当证明行政处理决定的适当性。

5. 根据《行政复议法》第51条第1、3款的规定，本案组织听证的，坚业科技公司作为行政复议申请人，行政复议机构应当于举行听证的 5 日前将听证的时间、地点和拟听证事项书面通知坚业科技公司。该市财政局作为行政复议被申请人，其负责人应当参加听证。不能参加的，应当说明理由并委托该市财政局相应的工作人员参加听证。

6. 根据《行政复议法》第 5 条第 1 款的规定，本案可以进行调解。

根据《行政复议法》第 77 条的规定，被申请人——该市财政局不履行行政复议调解书的，该市政府或者有关上级行政机关应当责令其限期履行，并可以约谈该市财政局的有关负责人或者予以通报批评。根据《行政复议法》第 78 条第 3 项的规定，申请人——坚业科技公司不履行行政复议调解书的，由该市政府依法强制执行，或者申请人民法院强制执行。

案 例 二

某盐业公司诉某市盐务管理局、某市政府行政处罚案

案情：

某省盐业公司从外省盐厂购进300吨工业盐运回本地，当地市盐务管理局认为购进工业盐的行为涉嫌违法，遂对该批工业盐予以先行登记保存，并将《先行登记保存通知书》送达该公司。其后，市盐务管理局经听证、集体讨论后，认定该公司未办理工业盐准运证从省外购进工业盐，违反了省政府制定的《盐业管理办法》第20条的规定，决定没收该公司违法购进的工业盐，并对其处罚款15万元。该公司不服处罚决定，向市政府申请行政复议。市政府维持市盐务管理局的处罚决定。该公司不服，向法院起诉。

材料：

1. 《盐业管理条例》（1990年3月2日，国务院令第51号发布，自发布之日起施行，现已失效）

第24条 运输部门应当将盐列为重要运输物资，对食用盐和指令性计划的纯碱、烧碱用盐的运输应当重点保证。

2. 《盐业管理办法》（2003年6月29日，省人民政府发布，2009年3月20日修正）

第20条 盐的运销站发运盐产品实行准运证制度。在途及运输期间必须货、单、证同行。无单、无证的，运输部门不得承运，购盐单位不得入库。

问题：

1. 请简答行政机关适用先行登记保存的条件和程序。
2. 《行政处罚法》对市盐务管理局举行听证的主持人的要求是什么？

3. 市盐务管理局因某公司未办理工业盐准运证从省外购进工业盐而认定其构成违法的理由是否成立？为什么？
4. 如何确定本案的被告？为什么？
5. 如何确定本案的管辖法院？
6. 法院如何判决？

核心考点

行政处罚的程序；行政许可的设定；行政诉讼的被告、管辖法院和判决

解题思路

1. 根据《行政处罚法》第 56 条的规定，行政机关在收集证据时，可以采取抽样取证的方法；在证据可能灭失或者以后难以取得的情况下，经行政机关负责人批准，可以先行登记保存，并应当在 7 日内及时作出处理决定，在此期间，当事人或者有关人员不得销毁或者转移证据。先行登记保存是行政处罚中调查取证的一种手段，法律上对先行登记保存有三点要求：①只有在证据可能灭失或者以后难以取得的情况下才能适用；②先行登记保存前须经行政机关负责人批准；③先行登记保存后要在 7 日内作出处理决定。

2. 《行政处罚法》第 64 条规定了听证的程序，其中第 4 项对听证主持人提出了要求：听证由行政机关指定的非本案调查人员主持；当事人认为主持人与本案有直接利害关系的，有权申请回避。由此可以看出，为了确保听证的公正性，法律对听证主持人的要求比较严格，本案调查人员不能作为主持人，与本案有直接利害关系的人员也不能作为主持人。调查人员不能作为主持人的原因是防止先入为主，听证体现为一个申辩质证的过程，若调查人员能够担任主持人，主持人就很难保持中立。

3. 根据案情和材料可知，《盐业管理办法》是省人民政府发布的，能看出《盐业管理办法》是省政府规章，市盐务管理局处罚盐业公司的理由是该公司未办理工业盐准运证从省外购进工业盐，而工业盐准运证是由省政府规章设定的行政许可。根据《行政许可法》第 15 条第 1 款的规定，本法第 12 条所列事项，尚未制定法律、行政法规的，地方性法规可以设定行政许可；尚未制定法律、行政法规和地方性法规的，因行政管理的需要，确需立即实施行政许可的，省、自治区、直辖市人民政府规章可以设定临时性的行政许可。《行政许可法》第 16 条第 3 款规定，规章可以在上位法设定的行政许可事项范围内，对实施该行政许可作出具体规定。由此可知，对于盐业管理事项，作为上位法的法律及《盐业管理条例》没有设定工业盐准运证这一行政许可，作为下位法的省政府规章不能设定工业盐准运证。故市盐务管理局以省政府规章作为认定该公司未办理工业盐准运证从省外购进工业盐构成违法的依据，属于适用法律错误，市盐务管理局的理由不能成立。

4. 根据《行政诉讼法》第 26 条第 2 款的规定，经复议的案件，复议机关决定维持原行政行为的，作出原行政行为的行政机关和复议机关是共同被告；复议机关改变原行政行为的，复议机关是被告。本案中，该公司不服市盐务管理局的处罚决定，向市政府申请行政复议，市政府维持市盐务管理局的处罚决定。这属于复议机关决定维持原行政行为的案件，作出原行政行为的行政机关——市盐务管理局和复议机关——市政府为共同被告。

5. 本案的管辖法院要从级别管辖和地域管辖两个角度确定：①确定级别管辖。根据《行诉解释》第 134 条第 3 款的规定，复议机关作共同被告的案件，以作出原行政行为的行政机关确定案件的级别管辖。本案中，作出原行政行为的行政机关——市盐务管理局和复议机关——市政府是共同被告，以作出原行政行为的行政机关——市盐务管理局确定案件的级别管辖。根据《行政诉讼法》第14条的规定，基层人民法院管辖第一审行政案件。因此，本案由基层法院管辖。②确定地域管辖。根据《行政诉讼法》第18条第1款的规定，行政案件由最初作出行政行为的行政机关所在地人民法院管辖。经复议的案件，也可以由复议机关所在地人民法院管辖。本案是经过复议的案件，既可以由最初作出行政行为的行政机关——市盐务管理局所在地法院管辖，也可以由复议机关——市政府所在地法院管辖。综上，本案的管辖法院是市盐务管理局所在地基层法院或者市政府所在地基层法院。

6. 根据《行政诉讼法》第70条的规定，行政行为有下列情形之一的，人民法院判决撤销或者部分撤销，并可以判决被告重新作出行政行为：……②适用法律、法规错误的；……本案中，市盐务管理局以无权设定行政许可的省政府规章作为处罚依据，属于适用法律错误。市盐务管理局作出的处罚决定违法，法院应当判决撤销。根据《行诉解释》第136条第1款的规定，人民法院对原行政行为作出判决的同时，应当对复议决定一并作出相应判决。本案中，市政府作出复议维持决定，因此，法院应当对原行政行为和复议决定一并作出判决。原行政行为是违法行为，复议维持决定也构成违法，法院应当判决撤销市政府作出的复议维持决定。

▼ **参考答案**

1. 根据《行政处罚法》第56条的规定，行政机关在收集证据时，若出现证据可能灭失或者以后难以取得的情况，经行政机关负责人批准，可以先行登记保存，并应当在7日内及时作出处理决定。

2. 根据《行政处罚法》第64条第4项的规定，听证由市盐务管理局指定的非本案调查人员主持；当事人认为主持人与本案有直接利害关系的，有权申请回避。

3. 市盐务管理局因该公司未办理工业盐准运证从省外购进工业盐而认定其构成违法的理由不成立。根据材料和《行政许可法》第15条第1款、第16条第3款的规定，盐业管理事项已经制定了法律、行政法规，但法律及国务院《盐业管理条例》没有设定工业盐准运证这一行政许可，省政府规章《盐业管理办法》不能设定工业盐准运证。

4. 市盐务管理局和市政府为共同被告。根据《行政诉讼法》第 26 条第 2 款的规定，经复议的案件，复议机关决定维持原行政行为的，作出原行政行为的行政机关和复议机关是共同被告。本案中，复议机关——市政府维持了作出原行政行为的行政机关——市盐务管理局的处罚决定，市盐务管理局和市政府为共同被告。

5. 根据《行诉解释》第 134 条第 3 款的规定，作出原行政行为的行政机关——市盐务管理局和复议机关——市政府是共同被告，以作出原行政行为的行政机关——市盐务管理局确定案件的级别管辖。同时，根据《行政诉讼法》第 14 条的规定，本案由基层法院管辖。根据《行政诉讼法》第 18 条第 1 款的规定，本案是经复议的案件，既可以由最初作出行政行为的行政机关——市盐务管理局所在地法院管辖，也可以由复议机关——市政府所在地法院管辖。因此，本案的管辖法院是市盐务管理局所在地基层法院或者市政府所在地基层法院。

6. 根据《行政诉讼法》第 70 条第 2 项的规定，市盐务管理局作出的处罚决定适用法律错误，法院应当判决撤销。根据《行诉解释》第 136 条第 1 款的规定，市政府作出的复议维持决定违法，法院应当判决撤销复议维持决定。

案 例 三

孙某诉乙县国土资源局责令停止违法行为案

案情：

　　孙某与村委会达成在该村采砂的协议，期限为5年。孙某向甲市乙县国土资源局申请采矿许可，该局向孙某发放采矿许可证，载明采矿的有效期为2年，至2015年10月20日止。

　　2015年10月15日，乙县国土资源局通知孙某，根据甲市国土资源局日前发布的《严禁在自然保护区采砂的规定》，采矿许可证到期后不再延续，被许可人应立即停止采砂行为，撤回采砂设施和设备。

　　孙某以与村委会协议未到期、投资未收回为由继续开采，并于2015年10月28日向乙县国土资源局申请延续采矿许可证的有效期。该局通知其许可证已失效，无法续期。

　　2015年11月20日，乙县国土资源局接到举报，得知孙某仍在采砂，以孙某未经批准非法采砂，违反《矿产资源法》为由，发出《责令停止违法行为通知书》，要求其停止违法行为。孙某向法院起诉请求撤销通知书，一并请求对《严禁在自然保护区采砂的规定》进行审查。

问题：

1. 《行政许可法》对被许可人申请延续行政许可有效期有何要求？行政许可机关接到申请后应如何处理？

2. 孙某提出的一并审查《严禁在自然保护区采砂的规定》的请求是否符合要求？为什么？

3. 行政诉讼中，如法院经审查认为规范性文件不合法，应如何处理？

4. 请对《责令停止违法行为通知书》的性质作出判断。
5. 本案的举证责任如何分配？
6. 若 2015 年 11 月 20 日，乙县国土资源局接到举报后向乙县政府报告，乙县政府召开专题会议进行研究，随后下发文件指导乙县国土资源局查处孙某的非法采砂行为。孙某能否以乙县政府为被告提起诉讼？为什么？

核心考点

行政许可的延续；行政强制措施的概念；行政诉讼的被告；规范性文件附带审查和举证责任

解题思路

1. 根据《行政许可法》第 50 条第 1 款的规定，被许可人需要延续依法取得的行政许可的有效期的，应当在该行政许可有效期届满 30 日前向作出行政许可决定的行政机关提出申请。但是，法律、法规、规章另有规定的，依照其规定。由此可知，被许可人申请延续行政许可有效期的，一般情形是在行政许可有效期届满 30 日前提出，特别情形是法律、法规、规章另有规定的，从其规定。

2. 根据《行政诉讼法》第 53 条的规定，公民、法人或者其他组织认为行政行为所依据的国务院部门和地方人民政府及其部门制定的规范性文件不合法，在对行政行为提起诉讼时，可以一并请求对该规范性文件进行审查。前款规定的规范性文件不含规章。由此可知，原告在行政诉讼中提出一并审查行政规范性文件的具体要求包括：①申请审查的对象是国务院部门和地方政府及其部门制定的规范性文件，不含部门规章，也不含地方政府规章；②与规范性文件具有关联性，也就是规范性文件属于被诉行政行为的作出依据。

由题目可知，乙县国土资源局以孙某违反《矿产资源法》为由作出的《责令停止违法行为通知书》，没有依据《严禁在自然保护区采砂的规定》，因此，孙某请求一并审查的《严禁在自然保护区采砂的规定》不属于被诉行政行为（《责令停止违法行为通知书》）的作出依据，孙某提出的一并审查《严禁在自然保护区采砂的规定》的请求不符合要求。

3. 根据《行诉解释》第 149 条第 1 款的规定，人民法院经审查认为行政行为所依据的规范性文件合法的，应当作为认定行政行为合法的依据；经审查认为规范性文件不合法的，不作为人民法院认定行政行为合法的依据，并在裁判理由中予以阐明。作出生效裁判的人民法院应当向规范性文件的制定机关提出处理建议，并可以抄送制定机关的同级人民政府、上一级行政机关、监察机关以及规范性文件的备案机关。由此可知，法院经审查认为规范性文件不合法的处理有四点：①规范性文件不作为认定行政行为合法的依据；②阐明规范性文件不作为认定行政行为合法依据的裁判理由；③法院应当向规范性文件的制定机关提出处理建议；④法院可以向制定机关的同级政府、上一级行政机关、监察机关以及规范性文件的备案机关抄送处理建议。

4. 根据《行政强制法》第 2 条第 2 款的规定，行政强制措施，是指行政机关在行政管理过程中，为制止违法行为、防止证据损毁、避免危害发生、控制危险扩大等情形，依法对公民的人身自由实施暂时性限制，或者对公民、法人或者其他组织的财物实施暂时性控制的行为。乙县国土资源局针对孙某未经批准非法采砂的行为向其发出《责令停止违法行为通知书》，目的在于制止违法行为，即其违法开采行为，符合行政强制措施的目的——制止违法行为，故《责令停止违法行为通知书》属于行政强制措施。

5. 根据《行政诉讼法》第34条第1款的规定，被告对作出的行政行为负有举证责任，应当提供作出该行政行为的证据和所依据的规范性文件。本案中，乙县国土资源局针对孙某作出《责令停止违法行为通知书》，乙县国土资源局作为被告，对其作出的《责令停止违法行为通知书》负有举证责任。根据《行诉证据规定》第4条第1款的规定，公民、法人或者其他组织向人民法院起诉时，应当提供其符合起诉条件的相应的证据材料。本案中，孙某向法院起诉请求撤销通知书，应当提供其符合起诉条件的相应的证据材料。

6. 本案中，针对孙某的非法采砂行为，乙县国土资源局向乙县政府报告，乙县政府召开专题会议进行研究，随后下发文件指导乙县国土资源局查处孙某的非法采砂行为。乙县政府只是指导乙县国土资源局行使查处职权，实施查处行为的仍然是乙县国土资源局，对孙某的非法采砂行为作出《责令停止违法行为通知书》的主体是乙县国土资源局，不是乙县政府。根据《正确确定行诉被告规定》第1条的规定，法律、法规、规章规定属于县级以上地方人民政府职能部门的行政职权，县级以上地方人民政府通过听取报告、召开会议、组织研究、下发文件等方式进行指导，公民、法人或者其他组织不服县级以上地方人民政府的指导行为提起诉讼的，人民法院应当释明，告知其以具体实施行政行为的职能部门为被告。若孙某以乙县政府为被告提起诉讼，法院应当释明，告知其以乙县国土资源局为被告。

参考答案

1. 根据《行政许可法》第50条的规定，被许可人申请延续行政许可有效期的，一般情形是在行政许可有效期届满30日前提出，特别情形是法律、法规、规章另有规定的，从其规定。行政机关应当根据被许可人的申请，在该行政许可有效期届满前作出是否准予延续的决定；逾期未作决定的，视为准予延续。

2. 孙某的请求不成立。根据《行政诉讼法》第53条第1款的规定，行政诉讼原告可以对被诉行政行为所依据的规范性文件要求附带审查。但本案中，《严禁在自然保护区采砂的规定》并非被诉行政行为（《责令停止违法行为通知书》）

作出的依据，故孙某的请求不成立。

3. 根据《行诉解释》第149条第1款的规定，法院不得将该规范性文件作为认定行政行为合法的依据，并应在裁判理由中予以阐明。作出生效裁判的法院应当向规范性文件的制定机关提出处理建议，并可以抄送制定机关的同级政府、上一级行政机关、监察机关以及规范性文件的备案机关。

4. 根据《行政强制法》第2条第2款的规定，《责令停止违法行为通知书》的目的在于制止孙某的违法行为，属于行政强制措施。

5. 根据《行政诉讼法》第34条第1款的规定，乙县国土资源局对《责令停止违法行为通知书》负有举证责任。根据《行诉证据规定》第4条第1款的规定，孙某应当提供其符合起诉条件的相应的证据材料。

6. 孙某不能以乙县政府为被告提起诉讼。实施查处行为的主体是乙县国土资源局，乙县政府只是指导乙县国土资源局行使查处职权，根据《正确确定行诉被告规定》第1条的规定，若孙某不服乙县政府的指导行为提起诉讼，法院应告知孙某以乙县国土资源局为被告。

案 例 四

某国际公司、某高速公司诉江州市政府、湖东省政府终止（解除）《特许权协议》及行政复议案

案情：

2008年4月，湖东省江州市人民政府（以下简称"江州市政府"）、湖东省江州市交通运输局（以下简称"江州市交通局"）作为甲方与乙方某国际有限公司（以下简称"某国际公司"）订立了《湖东省高速公路某段项目投资协议》（以下简称《投资协议》），约定甲方同意按照BOT（build-operate-transfer/建设-经营-转让）方式（以下简称"BOT"）授予乙方高速公路某段项目的投资经营权。乙方接受授权，并表示愿意按照政府部门批复的建设内容、方案、基数标准、投资估算完成该项目工程的前期工作、投资建设、运营和特许期满后的移交工作。特许期30年，自工程建设完成，通过验收投入试运营之日起计算。

2008年6月，某国际公司依法组建了以其为独资股东的某高速公路有限公司（以下简称"某高速公司"），随后江州市政府委托江州市交通局（甲方）与某高速公司（乙方）订立了《特许权协议》，对特许期、双方的权利义务、单方解除权等事项进行了详细约定。项目自2013年下半年正式动工建设，因某高速公司与其委托施工单位发生纠纷，项目自2015年7月始停滞。

2015年11月，江州市交通局向某高速公司下达了《违约整改通知书》，要求某高速公司迅速组织项目资金到位，在60日内组织施工单位全面复工，否则将考虑是否解除特许权协议。此后，江州市政府、江州市交通局多次要求某国际公司组织资金复工，某国际公司收到通知后进行了相应回复，但并未实质恢复项目正常建设。

2016年11月，江州市交通局根据《特许权协议》第77条的约定作出

《终止（解除）协议意向通知》，通知某高速公司在 30 天内就采取措施避免单方面终止（解除）《特许权协议》进行协商。嗣后，某高速公司未与江州市交通局达成一致意见。

2017 年 7 月，江州市交通局依某国际公司、某高速公司申请就拟终止（解除）《特许权协议》举行听证之后作出了《终止（解除）特许权协议通知》（以下简称《通知》）并送达。

某国际公司、某高速公司不服《通知》向湖东省人民政府（以下简称"湖东省政府"）提起了行政复议，湖东省政府经复议予以维持。

某国际公司、某高速公司不服诉至法院，请求撤销《通知》和复议维持决定。

（案例来源：2022 年 4 月 25 日最高人民法院发布的第二批行政协议诉讼典型案例之五，案例中的公司名、地名均为化名）

问题：

1. 请对《投资协议》《特许权协议》的性质进行分析。
2. 如何确定本案的被告？
3. 如何确定本案的管辖法院？江州市交通局与某高速公司能否在《特许权协议》中约定管辖法院？若能约定，对约定管辖法院有何要求？
4. 某国际公司、某高速公司的起诉期限如何确定？
5. 如何确定本案的举证责任？
6. 某国际公司、某高速公司在项目前期建设中已进行了大额投资和建设，其能否要求行政赔偿？为什么？

核心考点

行政协议的概念和解除；行政协议诉讼的被告、管辖法院、起诉期限和举证责任

解题思路

1. 政府通过 BOT 协议引进社会资本参与高速公路建设，是发挥政府职能、充分释放社会资本潜力、更好地实现行政管理和公共服务目标的有效方式。BOT 协议的性质通常为行政协议。根据《行政协议案件规定》第 1 条的规定，行政机关为了实现行政管理或者公共服务目标，与公民、法人或者其他组织协商订立的具有行政法上权利义务内容的协议，属于《行政诉讼法》第 12 条第 1 款第 11 项规定的行政协议。根据《行政协议案件规定》第 2 条的规定，公民、法人或者其他组织就下列行政协议提起行政诉讼的，人民法院应当依法受理：①政府特许经营协议；……本案中，《投资协议》作为 BOT 协议属于行政协议，《特许权协议》属于行政协议中的政府特许经营协议。

2. 根据《行政协议案件规定》第 4 条的规定，因行政协议的订立、履行、变

135

更、终止等发生纠纷，公民、法人或者其他组织作为原告，以行政机关为被告提起行政诉讼的，人民法院应当依法受理。因行政机关委托的组织订立的行政协议发生纠纷的，委托的行政机关是被告。本案中，江州市政府委托江州市交通局与某高速公司订立了《特许权协议》，后江州市交通局作出《通知》，若某国际公司、某高速公司不服直接起诉，这属于因行政协议终止发生的纠纷，应当以委托的行政机关——江州市政府为被告。根据《行政诉讼法》第26条第2款的规定，经复议的案件，复议机关决定维持原行政行为的，作出原行政行为的行政机关和复议机关是共同被告；复议机关改变原行政行为的，复议机关是被告。本案中，某国际公司、某高速公司不服《通知》，先向湖东省政府提起了行政复议，湖东省政府经复议予以维持后，某国际公司、某高速公司提起行政诉讼，因此，作出原行政行为的行政机关的委托行政机关——江州市政府和复议机关——湖东省政府是共同被告。

3. 本案的管辖法院要从级别管辖和地域管辖两个角度确定。一是确定级别管辖。根据《行诉解释》第134条第3款的规定，复议机关作共同被告的案件，以作出原行政行为的行政机关确定案件的级别管辖。本案中，作出原行政行为的行政机关的委托行政机关——江州市政府和复议机关——湖东省政府是共同被告，以作出原行政行为的行政机关的委托行政机关——江州市政府确定案件的级别管辖。根据《行政诉讼法》第15条的规定，中级人民法院管辖下列第一审行政案件：①对国务院部门或者县级以上地方人民政府所作的行政行为提起诉讼的案件；……江州市政府是县级以上地方政府，因此，本案由中级法院管辖。二是确定地域管辖。根据《行政诉讼法》第18条第1款的规定，行政案件由最初作出行政行为的行政机关所在地人民法院管辖。经复议的案件，也可以由复议机关所在地人民法院管辖。本案是经过复议的案件，既可以由最初作出行政行为的行政机关的委托行政机关——江州市政府所在地法院管辖，也可以由复议机关——湖东省政府所在地法院管辖。综上，本案的管辖法院是江州市政府所在地中级法院或者湖东省政府所在地中级法院。

根据《行政协议案件规定》第7条的规定，当事人书面协议约定选择被告所在地、原告所在地、协议履行地、协议订立地、标的物所在地等与争议有实际联系地点的人民法院管辖的，人民法院从其约定，但违反级别管辖和专属管辖的除外。本案为行政协议案件，江州市交通局与某高速公司可以约定管辖法院，但约定的管辖法院应该是被告所在地、原告所在地、协议履行地、协议订立地、标的物所在地等与争议有实际联系地点的法院，并且约定的管辖法院不得违反级别管辖和专属管辖。

4. 根据《行政协议案件规定》第 25 条的规定，公民、法人或者其他组织对行政机关不依法履行、未按照约定履行行政协议提起诉讼的，诉讼时效参照民事法律规范确定；对行政机关变更、解除行政协议等行政行为提起诉讼的，起诉期限依照《行政诉讼法》及其司法解释确定。本案中，江州市交通局作出《通知》，某国际公司、某高速公司不服《通知》起诉，这属于对行政机关解除行政协议的行为提起诉讼，起诉期限依照《行政诉讼法》及其司法解释确定。根据《行政诉讼法》第 45 条的规定，公民、法人或者其他组织不服复议决定的，可以在收到复议决定书之日起 15 日内向人民法院提起诉讼。复议机关逾期不作决定的，申请人可以在复议期满之日起 15 日内向人民法院提起诉讼。法律另有规定的除外。本案中，某国际公司、某高速公司不服《通知》先向湖东省政府申请了行政复议，在湖东省政府经复议予以维持后才起诉。因此，某国际公司、某高速公司的起诉期限为自收到湖东省政府复议维持决定之日起 15 日。

5. 根据《行诉证据规定》第 4 条第 1 款的规定，公民、法人或者其他组织向人民法院起诉时，应当提供其符合起诉条件的相应的证据材料。因此，本案中的原告——某国际公司、某高速公司应当提供其符合起诉条件的相应的证据材料。根据《行诉证据规定》第 4 条第 3 款的规定，被告认为原告起诉超过法定期限的，由被告承担举证责任。因此，本案中的被告——江州市政府和湖东省政府认为原告起诉超过法定期限的，由被告承担举证责任。根据《行诉解释》第 135 条第 2 款的规定，作出原行政行为的行政机关和复议机关对原行政行为的合法性共同承担举证责任，可以由其中一个机关实施举证行为。复议机关对复议决定的合法性承担举证责任。本案中，《通知》是原行政行为，作出原行政行为的行政机关的委托行政机关——江州市政府和复议机关——湖东省政府对《通知》的合法性共同承担举证责任，复议机关——湖东省政府对复议维持决定的合法性承担举证责任。

6. 行政补偿和行政赔偿是性质不同的制度：行政补偿，是指合法行政行为造成的损失，由国家依法予以补偿的制度；行政赔偿，是指违法行为侵犯行政相对人合法权益，由国家依法予以赔偿的制度。本案中，某高速公司因与其委托施工方发生争议，建设项目自 2015 年 7 月始未正常推进，致使协议目的不能实现，江州市交通局依约定行使单方解除权，作出《通知》符合法律规定，但考虑到某国际公司、某高速公司在项目前期建设中已进行了大额投资和建设，在协议终止后对某国际公司、某高速公司遭受的损失予以补偿，而非赔偿。

参考答案

1. 根据《行政协议案件规定》第1条和第2条第1项的规定，《投资协议》作为BOT协议属于行政协议，《特许权协议》属于行政协议中的政府特许经营协议。

2. 根据《行政协议案件规定》第4条第2款的规定，江州市政府委托江州市交通局订立《特许权协议》，因该行政协议发生纠纷的，应当以委托的行政机关——江州市政府为被告。根据《行政诉讼法》第26条第2款的规定，湖东省政府复议维持了原行政行为，故作出原行政行为的行政机关的委托行政机关——江州市政府和复议机关——湖东省政府是共同被告。

3. 根据《行诉解释》第134条第3款和《行政诉讼法》第15条第1项、第18条第1款的规定，本案的管辖法院是江州市政府所在地中级法院或者湖东省政府所在地中级法院。根据《行政协议案件规定》第7条的规定，江州市交通局与某高速公司可以约定管辖法院，但约定的管辖法院应该是被告所在地、原告所在地、协议履行地、协议订立地、标的物所在地等与争议有实际联系地点的法院，并且约定的管辖法院不得违反级别管辖和专属管辖。

4. 根据《行政协议案件规定》第25条的规定，本案属于对行政机关解除行政协议的行为提起诉讼，起诉期限依照《行政诉讼法》及其司法解释确定。根据《行政诉讼法》第45条的规定，本案属于经复议维持后提起诉讼的案件，某国际公司、某高速公司的起诉期限为自收到湖东省政府复议维持决定之日起15日。

5. 根据《行诉证据规定》第4条第1款的规定，本案中的原告——某国际公司、某高速公司应当提供其符合起诉条件的相应的证据材料。根据《行诉证据规定》第4条第3款的规定，本案中的被告——江州市政府和湖东省政府认为原告起诉超过法定期限的，由被告承担举证责任。根据《行诉解释》第135条第2款的规定，《通知》是原行政行为，作出原行政行为的行政机关的委托行政机关——江州市政府和复议机关——湖东省政府对《通知》的合法性共同承担举证责任，复议机关——湖东省政府对复议维持决定的合法性承担举证责任。

6. 某国际公司、某高速公司不能要求行政赔偿。行政补偿和行政赔偿是性质不同的制度：行政补偿，是指合法行政行为造成的损失，由国家依法予以补偿的制度；行政赔偿，是指违法行为侵犯行政相对人合法权益，由国家依法予以赔偿的制度。本案中，《通知》符合法律规定，在协议终止后对某国际公司、某高速公司遭受的损失予以补偿，而非赔偿。

案 例 五
王甲诉某区政府废止拆迁补偿安置协议案

案情：

王甲与王乙系兄弟关系。2014 年 4 月 22 日，王甲与某区城中村改造指挥部签订了拆迁补偿安置协议，王甲按照协议领取了补偿款。2015 年 7 月 15 日，该区政府作出《关于城中村改造居民王甲安置协议作废问题的决定》（以下简称《决定》），认为因王乙提出产权归属异议，决定该区城中村改造指挥部与王甲所签协议作废，等家庭内部达成协议后另行处理，并要求王甲退还已领取的补偿款。王甲没有退还补偿款，并提起行政诉讼，请求撤销《决定》，一并请求赔偿《决定》所造成的房屋损失。法院受理案件。行政诉讼一审中，该区政府未答辩、未出庭。王乙提供了证据证明产权归属存在异议的情况。一审法院判决撤销该区政府于 2015 年 7 月 15 日作出的《决定》。该区政府提起上诉。

问题：

1. 本案一审的级别管辖如何确定？
2. 如何确定王乙在本案一审中的诉讼地位？王乙对一审判决能否提起上诉？为什么？
3. 区政府未答辩，也没有提供证据证明《决定》合法，法院能否以此判决撤销《决定》？为什么？
4. 对于一审中区政府未出庭的情况，法院应当如何处理？
5. 二审法院的审理对象是什么？
6. 若《决定》被确认违法，王甲提出的赔偿房屋损失的请求能否得到支持？

核心考点

行政诉讼的管辖；举证责任；被告缺席和审理对象；行政赔偿

解题思路

1. 根据《行政诉讼法》第 15 条的规定，中级人民法院管辖下列第一审行政案件：①对国务院部门或者县级以上地方人民政府所作的行政行为提起诉讼的案件；②海关处理的案件；③本辖区内重大、复杂的案件；④其他法律规定由中级人民法院管辖的案件。在本案中，王甲与区城中村改造指挥部签订拆迁补偿安置协议，区政府作出《决定》，决定城中村改造指挥部与王甲所签协议作废，王甲提起诉讼请求撤销该《决定》，因此本案的被告为区政府，区政府作为县级政府，案件应当由中级法院管辖。

2. 根据《行政诉讼法》第 29 条第 1 款的规定，公民、法人或者其他组织同被诉行政行为有利害关系但没有提起诉讼，或者同案件处理结果有利害关系的，可以作为第三人申请参加诉讼，或者由人民法院通知参加诉讼。依照规定，行政诉讼第三人是指同提起诉讼的行政行为有利害关系，在行政诉讼过程中申请参加或由法院通知参加诉讼的公民、法人或者其他组织。在本案中，王甲、王乙是兄弟关系，王乙提出了产权归属异议，其同区政府所作的《决定》有利害关系，因此王乙是本案的第三人。

根据《行政诉讼法》第 29 条第 2 款的规定，人民法院判决第三人承担义务或者减损第三人权益的，第三人有权依法提起上诉。在本案中，法院判决撤销了区政府作出的《决定》，认定王甲同区城中村改造指挥部签订的拆迁补偿安置协议有效。王乙提出了产权归属异议，若王甲与区城中村改造指挥部签订的拆迁补偿安置协议有效，则会减损王乙的权益，因此王乙作为权益被减损的第三人，有权提起上诉。

3. 根据《行政诉讼法》第34条的规定，被告对作出的行政行为负有举证责任，应当提供作出该行政行为的证据和所依据的规范性文件。被告不提供或者无正当理由逾期提供证据，视为没有相应证据。但是，被诉行政行为涉及第三人合法权益，第三人提供证据的除外。由此可知，行政诉讼被告不提供或者无正当理由逾期提供证据，视为被诉行政行为没有相应证据，被告将承担不利后果。例外情形是被诉行政行为涉及第三人合法权益，第三人提供证据。在本案中，区政府作为被告，对其作出的《决定》负有举证责任，但是其未答辩、未出庭，则应当视为没有相应证据。但是王乙作为与《决定》具有利害关系的第三人，其提供的证据证明了房屋产权归属有争议，视为区政府作出的《决定》具有相关依据。因此，法院不能因为区政府未出庭、未答辩、没有提供证据而判决撤销《决定》。

4. 根据《行政诉讼法》第58条的规定，经人民法院传票传唤，原告无正当理由拒不到庭，或者未经法庭许可中途退庭的，可以按照撤诉处理；被告无正当理由拒不到庭，或者未经法庭许可中途退庭的，可以缺席判决。《行政诉讼法》第66条第2款规定，人民法院对被告经传票传唤无正当理由拒不到庭，或者未经法庭许可中途退庭的，可以将被告拒不到庭或者中途退庭的情况予以公告，并可以向监察机关或者被告的上一级行政机关提出依法给予其主要负责人或者直接责任人员处分的司法建议。《行诉解释》第79条第3款规定，根据《行政诉讼法》第58条的规定，被告经传票传唤无正当理由拒不到庭，或者未经法庭许可中途退庭的，人民法院可以按期开庭或者继续开庭审理，对到庭的当事人诉讼请求、双方的诉辩理由以及已经提交的证据及其他诉讼材料进行审理后，依法缺席判决。本案中，区政府未答辩、未出庭，法院可以按期开庭审理，对被告区政府依法缺席判决，也可以将被告区政府不到庭、不答辩的情况予以公告，还可以向监察机关或者被告区政府的上一级行政机关提出依法给予区政府主要负责人或者直接责任人员处分的司法建议。

5. 根据《行政诉讼法》第87条的规定，人民法院审理上诉案件，应当对原审人民法院的判决、裁定和被诉行政行为进行全面审查。实行全面审查意味着二审法院不仅要审查一审裁判的合法性，还要审查被诉行政行为的合法性；不仅要审查证据是否充分，还要审查适用法律法规是否正确、是否违反法定程序等。在本案中，二审法院不仅要审查一审法院作出的撤销区政府《决定》的判决，还要审查区政府作出的《决定》是否合法。

6. 根据《行政赔偿案件规定》第 32 条的规定，有下列情形之一的，人民法院判决驳回原告的行政赔偿请求：……③原告的损失已经通过行政补偿等其他途径获得充分救济的；……本案中，王甲与该区城中村改造指挥部签订了拆迁补偿安置协议，并按照协议领取了房屋补偿款，因此，即使《决定》被确认违法，王甲的房屋损失也已经通过行政补偿获得了充分救济，对于王甲主张赔偿《决定》所造成的房屋损失的请求不予支持。

参考答案

1. 根据《行政诉讼法》第 15 条第 1 项的规定，对县级以上地方人民政府所作的行政行为提起诉讼的第一审行政案件，由中级人民法院管辖。本案的被告是区政府，故本案一审应由中级法院管辖。

2. 根据《行政诉讼法》第 29 条第 1 款的规定，因王乙与被诉《决定》有利害关系，故王乙在本案一审中作为第三人。

王乙对一审判决能提起上诉。根据《行政诉讼法》第 29 条第 2 款的规定，一审法院判决撤销区政府作出的《决定》，减损了王乙的权益，王乙有权依法提起上诉。

3. 不能。根据《行政诉讼法》第 34 条第 2 款的规定，区政府不提供证据，视为《决定》没有相应证据。但是，被诉《决定》涉及王乙的合法权益，王乙提供证据证明了产权归属存在异议的情况，法院则不可以此判决撤销《决定》。

4. 根据《行政诉讼法》第 58 条、第 66 条第 2 款和《行诉解释》第 79 条第 3 款的规定，对于区政府未出庭的情况：①法院可以按期开庭审理，缺席判决；②法院可以将区政府未出庭的情况予以公告；③法院可以向监察机关或者区政府的上一级行政机关提出依法给予区政府主要负责人或者直接责任人员处分的司法建议。

5. 根据《行政诉讼法》第 87 条的规定，二审法院应当对一审法院的撤销判决和《决定》进行全面审查。

6. 根据《行政赔偿案件规定》第 32 条第 3 项的规定，王甲按照协议领取了房屋补偿款，即房屋损失已经通过行政补偿获得了充分救济，因此，其主张赔偿《决定》所造成的房屋损失的请求不能得到支持。

案例六
聂大山家属申请国家赔偿案

案情：

  1994年10月1日，聂大山（1974年11月6日出生）被城郊县公安局刑事拘留，10月9日，其因涉嫌故意杀人、强奸妇女被城郊县人民检察院批准逮捕。1994年12月6日，大中市人民检察院以聂大山犯故意杀人罪、强奸妇女罪，向大中市中级人民法院提起公诉。1995年3月15日，大中市中级人民法院判决聂大山犯故意杀人罪，判处死刑，剥夺政治权利终身；犯强奸妇女罪，判处死刑，剥夺政治权利终身。数罪并罚，决定对其执行死刑，剥夺政治权利终身。聂大山不服，向河东省高级人民法院提出上诉。1995年4月25日，河东省高级人民法院维持死刑判决，随后聂大山被执行死刑。聂大山尚有父母（农民，已年满60周岁）和姐姐，其父在1996年偏瘫。2014年12月12日，最高人民法院指令山东省高级人民法院对聂大山案进行复查。2016年12月2日，最高人民法院第二巡回法庭对聂大山故意杀人、强奸妇女再审案公开宣判，宣告聂大山无罪。2016年12月14日，聂大山家属申请国家赔偿。随后，赔偿义务机关就赔偿问题与聂大山家属进行协商。2017年3月30日，赔偿义务机关作出赔偿决定，各项赔偿费用共计268万余元。

问题：

1. 本案是否属于国家赔偿范围？为什么？
2. 如何确定本案的赔偿义务机关？
3. 聂大山家属能否主张精神损害赔偿？为什么？
4. 赔偿义务机关能否与聂大山家属协商达成赔偿协议？为什么？
5. 若聂大山家属对赔偿义务机关的赔偿决定不服，如何寻求救济？

核心考点

刑事赔偿的范围；赔偿义务机关；赔偿程序；国家赔偿方式

解题思路

1. 本案中，聂大山被刑事拘留，后因涉嫌故意杀人、强奸妇女被检察院批准逮捕，这涉及刑事方面的赔偿问题。根据《国家赔偿法》第 17 条的规定，行使侦查、检察、审判职权的机关以及看守所、监狱管理机关及其工作人员在行使职权时有下列侵犯人身权情形之一的，受害人有取得赔偿的权利：……③依照审判监督程序再审改判无罪，原判刑罚已经执行的；……具体到本案，首先，一审大中市中级人民法院判处聂大山死刑，剥夺政治权利终身，这是原判刑罚。随后经过聂大山上诉，河东省高级人民法院维持死刑判决，最终聂大山被执行死刑，原判刑罚至此执行完毕。2014 年 12 月 12 日，最高人民法院指令山东省高级人民法院对聂大山案进行复查。2016 年 12 月 2 日，最高人民法院第二巡回法庭对聂大山故意杀人、强奸妇女再审案公开宣判，宣告聂大山无罪。本案经过了再审改判无罪，并且聂大山已经被执行死刑，即原判刑罚已经执行，符合《国家赔偿法》第 17 条第 3 项的规定，属于国家赔偿的范围。

2. 本案是经过再审的刑事案件，且再审宣告聂大山无罪。根据《国家赔偿法》第 21 条第 4 款的规定，再审改判无罪的，作出原生效判决的人民法院为赔偿义务机关。在本案中，聂大山向河东省高级人民法院提出过上诉，1995 年 4 月 25 日，河东省高级人民法院维持死刑判决，随后聂大山被执行死刑。因此，河东省高级人民法院作出的维持死刑的判决是原生效判决，河东省高级人民法院是本案的赔偿义务机关。

3. 聂大山案属于刑事赔偿案，《国家赔偿法》第 17 条规定，行使侦查、检察、审判职权的机关以及看守所、监狱管理机关及其工作人员在行使职权时有下列侵犯人身权情形之一的，受害人有取得赔偿的权利：……③依照审判监督程序再审改判无罪，原判刑罚已经执行的；……《国家赔偿法》第 35 条规定，有本法第 3 条或者第 17 条规定情形之一，致人精神损害的，应当在侵权行为影响的范围内，为受害人消除影响，恢复名誉，赔礼道歉；造成严重后果的，应当支付相应的精神损害抚慰金。精神损害通常指人的心灵上受到痛苦、心理上受到折磨所产生的损失。聂大山被剥夺了人身自由权和生命权，触及了公民最基本、最核心的合法权益，且聂大山被执行死刑之时仅 21 岁，判决结果造成了严重的后果和损失，给相关亲属带来了心理和精神损失。根据《最高人民法院关于审理国家赔偿案件确定精神损害赔偿责任适用法律若干问题的解释》第 7 条的规定，有下列情形之一的，可以认定为《国家赔偿法》第35条规定的"造成严重后果"：①无罪或者终止追究刑事责任的人被羁押6个月以上；②受害人经鉴定为轻伤以上或者残疾；③受害人经诊断、鉴定为精神障碍或者精神残疾，且与侵权行为存在关联；④受害人名誉、荣誉、家庭、职业、教育等方面遭受严重损害，且与侵权行为存在关联。受害人无罪被羁押10年以上；受害人死亡；受害人经鉴定为重伤或者残疾一至四级，且生活不能自理；受害人经诊断、鉴定为严重精神障碍或者精神残疾一至二级，生活不能自理，且与侵权行为存在关联的，可以认定为后果特别严重。因此，聂大山家属能够主张精神损害赔偿。

4. 根据《国家赔偿法》第23条第1款的规定，赔偿义务机关应当自收到申请之日起2个月内，作出是否赔偿的决定。赔偿义务机关作出赔偿决定，应当充分听取赔偿请求人的意见，并可以与赔偿请求人就赔偿方式、赔偿项目和赔偿数额依照本法第四章（赔偿方式和计算标准）的规定进行协商。因此，本案中，河东省高级人民法院作为赔偿义务机关，在作出赔偿决定时，应当充分听取聂大山家属的意见，就赔偿方式、赔偿项目和赔偿数额与其进行协商，以达成赔偿协议。

5. 在本案中，赔偿义务机关是河东省高级人民法院。根据《国家赔偿法》第24条第2、3款的规定，赔偿请求人对赔偿的方式、项目、数额有异议的，或者赔偿义务机关作出不予赔偿决定的，赔偿请求人可以自赔偿义务机关作出赔偿或者不予赔偿决定之日起30日内，向赔偿义务机关的上一级机关申请复议。赔偿义务机关是人民法院的，赔偿请求人可以依照本条规定向其上一级人民法院赔偿委员会申请作出赔偿决定。因此，聂大山家属向河东省高级人民法院提出赔偿请求，对河东省高级人民法院作出的赔偿决定不服的，可以向河东省高级人民法院的上一级人民法院赔偿委员会申请作出赔偿决定，即向最高人民法院赔偿委员会申请作出赔偿决定。

参考答案

1. 本案属于国家赔偿范围。根据《国家赔偿法》第17条第3项的规定，最高人民法院依照审判监督程序再审改判聂大山无罪，而原判刑罚已经执行，因此本案属于国家赔偿范围。

2. 根据《国家赔偿法》第21条第4款的规定，最高人民法院依照审判监督程序再审改判聂大山无罪，河东省高级人民法院作为作出原生效判决的人民法院，是本案的赔偿义务机关。

3. 聂大山家属能主张精神损害赔偿。根据《国家赔偿法》第35条和《最高人民法院关于审理国家赔偿案件确定精神损害赔偿责任适用法律若干问题的解释》第7条的规定，聂大山被侵犯人身自由权和生命权，属于给其家属造成精神损害严重后果以及后果特别严重的情形，应当向其支付相应的精神损害抚慰金。

4. 赔偿义务机关能与聂大山家属协商达成赔偿协议。根据《国家赔偿法》第23条第1款的规定，赔偿义务机关作出赔偿决定，应当充分听取聂大山家属的意见，并可以与聂大山家属就赔偿方式、赔偿项目和赔偿数额进行协商，以达成赔偿协议。

5. 根据《国家赔偿法》第24条第2、3款的规定，本案的赔偿义务机关是河东省高级人民法院，若聂大山家属对河东省高级人民法院的赔偿决定不服，可以向最高人民法院赔偿委员会申请作出赔偿决定。

声　明　　1. 版权所有，侵权必究。

　　　　　2. 如有缺页、倒装问题，由出版社负责退换。

图书在版编目（ＣＩＰ）数据

主观题沙盘推演.行政法/魏建新编著.—北京:中国政法大学出版社,2024.6
ISBN 978-7-5764-1479-0

Ⅰ.①主… Ⅱ.①魏… Ⅲ.①行政法－中国－资格考试－自学参考资料 Ⅳ.①D920.4

中国国家版本馆CIP数据核字(2024)第108018号

出 版 者	中国政法大学出版社
地　　址	北京市海淀区西土城路 25 号
邮寄地址	北京 100088 信箱 8034 分箱　邮编 100088
网　　址	http://www.cuplpress.com（网络实名：中国政法大学出版社）
电　　话	010-58908285(总编室) 58908433（编辑部）58908334(邮购部)
承　　印	三河市华润印刷有限公司
开　　本	787mm×1092mm　1/16
印　　张	10.25
字　　数	250 千字
版　　次	2024 年 6 月第 1 版
印　　次	2024 年 6 月第 1 次印刷
定　　价	63.00 元

厚大法考（北京）2024 年主观题面授教学计划

班次名称		授课时间	标准学费（元）	阶段优惠(元)			备 注
				6.10 前	7.10 前	8.10 前	
冲刺系列	主观实战演练班	9.3~10.16	17800	11800	12800	13800	配备本班次配套图书及随堂内部资料
	主观短训 A 班	9.28~10.16	12800	一对一批改；专属自习室；专项训练，短时高效，全方位提升应试能力。			
	主观短训 B 班	9.28~10.16	12800	7300	7800	8300	

其他优惠：
1. 3 人（含）以上团报，每人优惠 500 元。
2. 厚大老学员在阶段优惠基础上再享 95 折，不再适用团报政策。
3. 协议班次无优惠，不适用以上政策。

【总部及北京分校】北京市海淀区花园东路 15 号旷怡大厦 10 层厚大法考
咨询电话：4009-900-600-转 1-再转 1　　18610642307 陈老师

厚大法考服务号　　扫码咨询客服　免费领取 2024 年备考资料

厚大法考（西安）2024 年主观题教学计划

班次名称		授课时间	授课方式	标准学费（元）	阶段优惠(元)			图书配备
					6.10 前	7.10 前	8.10 前	
私塾系列	主观私塾 A 班	随报随学		26800	一对一批改服务，班班督学；一对一诊断学情，针对性提升；课程全面升级；2024 年主观题未通过，退 20000 元。			配备本班次配套图书及随堂内部资料
	主观私塾 B 班	随报随学		16800	11880	12380	12880	
大成系列	主观通关 A 班	6.18~10.12	全程集训	16800	座位优先，面批面改，带练带背；2024 年主观题未通过，退 9000 元。			
	主观通关 B 班	6.18~10.12		16800	9800	10300	9880	
	主观集训 A 班	7.10~10.12		13800	座位优先，面批面改，带练带背；2024 年主观题未通过，退 8000 元。			
	主观集训 B 班	7.10~10.12		13800	8880	9300	已开课	
冲刺系列	主观特训 A 班	8.20~10.12		11800	一对一辅导，班班督学；面批面改，带练带背。			
	主观特训 B 班	8.20~10.12		11800	7800	8300	8800	
	主观短训 A 班	9.23~10.12		10800	一对一辅导，班班督学；面批面改，带练带背。			
	主观短训 B 班	9.23~10.12		10800	6800	7300	7800	

其他优惠：
1. 3 人（含）以上团报，每人优惠 300 元；5 人（含）以上团报，每人优惠 500 元；8 人（含）以上团报，每人优惠 800 元。
2. 厚大老学员在阶段优惠基础上再优惠 500 元，不再享受其他优惠。
3. 协议班次不适用以上优惠政策。

【西安分校】陕西省西安市雁塔区长安南路 449 号丽融大厦 1802 室（西北政法大学北校区对面）
联系方式：18691857706 李老师　18636652560 李老师　13891432202 王老师

厚大法考 APP　　厚大法考官博　　西安厚大法考官微　　西安厚大法考官博

厚大法考（广州、深圳）2024年主观题面授教学计划

班次名称(全日制脱产)		授课时间	标准学费（元）	阶段优惠(元)			配套资料
				7.10前	8.10前	9.10前	
通关系列	主观集训A班	7.8~10.8	28800	22800	已开课	已开课	考点清单 沙盘推演 随堂讲义
	主观暑期班	7.8~8.31	12800	12800	已开课	已开课	
	主观特训班	8.8~10.8	23800	15800	16800	已开课	
	主观短训班	9.1~10.8	18800	11300	11800	12800	
首战系列	首战告捷班	9.18~10.8	16800	10000	10800	11000	沙盘推演 随堂讲义
	主观衔接班	9.24~10.8	14800	9300	9800	10200	课堂内部讲义
	主观密训营	10.1~10.8	10800	8300	8800	9000	随堂密训资料

联系我们：【广州分校】广东省广州市海珠区新港东路1088号中洲交易中心六元素体验天地1207室　020-87595663
　　　　　【深圳分校】广东省深圳市罗湖区滨河路1011号深城投中心7楼　0755-22231961

厚大法考（成都）2024年主观题面授教学计划

班次名称(全日制脱产)		授课时间	标准学费（元）	阶段优惠(元)			配套资料
				7.10前	8.10前	9.10前	
通关系列	主观集训A班	7.8~10.7（面授+视频）	18800	14800	已开课	已开课	考点清单 沙盘推演 随堂讲义
	主观特训班	8.8~10.7（面授+视频）	16800	11800	12800	已开课	
	主观短训班	9.1~10.7（面授+视频）	14800	8980	9500	9800	
首战系列	主观衔接班	9.24~10.7（面授+视频）	12800	8580	9000	9500	课堂内部讲义
	主观密训营	10.1~10.7（面授）	10800	8300	8800	9000	随堂密训资料

联系我们：【成都分校】四川省成都市成华区锦绣大道5547号梦魔方广场1栋1318室　028-83533213

PS：更多优惠详询工作人员

广州　　深圳　　成都

加微信获取班次详细介绍

2024厚大法考二战主观题学习包

（专为二战主观题考生量身定制）

33册图书/资料
主观题优质图书、资料，全阶段匹配课程

360h+课程
3+2教学阶段，主观配方，配套高清视频，案例化教学

及时答疑
语音、图片、文字多方式提问，24小时内高效答疑，不留疑点

案例训练
迷你案例，小综案例，大综案例到进阶案例

资料下载
主观破冰、法治思想素材、主观背诵金句等实用资料

学员专属
学习包学员专属，全程服务，不负每一位学员

七位学院名师

民法|张 翔　　刑法|陈 橙　　民诉|刘鹏飞　　刑诉|向高甲

行政|魏建新　　商法|鄢梦萱　　理论|白 斌

配套图书

《主观题考点清单》6本　　《主观题模板训练》7本　　《主观题沙盘推演》7本　　《主观题法条定位》6本　　《主观题采分有料》7本

请打开手机淘宝扫一扫
厚大教育旗舰店

扫码下载官方APP
即可立即听课